少一點討人厭，
多一點溫暖心的

善良
小心機

齊藤勇 | 監修 | 汪欣慈 | 譯

ゼロからはじめる！心理學見るだけノート

方言文化

「讀懂人心，
互動溝通零煩惱」

　　我們無法窺探他人內心世界，所以無從得知對方在想什麼、感受如何，因而陷入不安。

　　不只是別人的心，有時候我們也不了解自己內心在想些什麼。例如，你是否曾在日常生活中或工作上莫名地大發脾氣，而事後感到後悔不已？心儀的異性主動靠近，自己當下冷淡回應，但事後才驚覺對方竟然主動找自己說話，且為當時的反應感到懊悔。

　　這些不可思議的心理現象，就連自己有時也不太了解，而心理學透過數不清的實驗，將之轉化成理論與法則，使得謎團一個一個地解開了。

　　這些心理學的理論與法則，在我們日常生活中一定能派上用場。但是，想要學習且了解這門學問，不僅需要具備相關知識，也會有難以理解之處。因此，本書運用插畫，將日常生活的人際關係交流與實證描繪出來，以更容易了解的方式解說心理學的理論與法則。如果透過本書可以讓讀者了解人類不可思議的心理現象，並對充滿魅力的心理學抱有一點點興趣的話，那將是我無上的喜悅。

監修　齊藤勇

contents

CHAPTER 2

「行為表情」讀心術，看穿對方情緒性格

CHAPTER 3

勾引人心「暗示法」，人際關係無往不利

CHAPTER **1**

搞懂「人性弱點」，
投其所好能贏得人心

人性弱點
01

「左臉溫柔、右臉知性」， 露哪面看時機

看著對方的側臉，為什麼總是令人心跳加快？

應該有不少人曾經看著異性的側臉而感到心跳加速吧！人類臉上的表情以及帶給他人的印象，從正面或側面，甚至是從右側或左側，看起來是完全不同的——因為大多數的人，左右側的臉長得並不一樣。透過照片與鏡子仔細觀察自己的臉，應該可以發現左右側的模樣真的差很多。

依照這個條件……

感覺好帥氣俐落啊……

工作上運用右臉

右臉因受到掌管理性的左腦影響，集中精神工作時，看起來特別知性。想顯得帥氣或威嚴，就將右臉朝向對方。

一般來說，右臉的印象是知性，左臉則是溫柔。此外，也有另一說法是右臉只能看見對方的「表面」，左臉則能表現出他的「內心」。在公事上讓對方看右臉，而私生活與戀愛時則運用左臉，說不定就能給不同對象留下良好印象。另外，左右臉的構造越對稱，看起來就會越英俊或美麗，如此更能引起異性的關注。好比其他動物，羽毛或身體的花紋若是左右對稱，也特別能吸引異性。

戀愛時運用左臉

左臉因受到掌管感情的右腦影響較大，能夠清楚地顯露出溫柔的表情。因此，約會的時候盡量讓對方看你的左臉吧！

右臉適合工作　　左臉適合私生活

知性＆表面

右臉能表現知性，且不易顯露情緒，是適合工作的側臉。

溫柔＆真心

左臉能顯現溫柔，且容易表現出真心，是適用於私生活的側臉。

左右臉不一樣

左右臉有些微差異，從正面看會有點不平衡，所以側臉才較好看。

怯於挑戰的 「成功恐懼」心理

人性弱點 02

缺乏挑戰精神的心理因素，是什麼？

即使不會想「成大事」，但誰都會想要「成功」，或者是至少「不要失敗」吧！而想著要「成功」，且真的會勇於挑戰、實際付出行動的人，似乎並不多——因為這與人類心理會抱持著「成功恐懼」有著很大的關聯性。

可是要出人頭地應該很辛苦吧！得和同事競爭，也沒有私人時間，而且可能會被某些人討厭……

想要賺更多錢！想要出人頭地！

誰都會懷抱著願望

任誰都會懷抱希望與願望，但為此付諸努力與否，則因人而異。

負面的想像

迴避努力的人，是對成功的過程與成功後的情況抱有負面想像。

渴望成功

即使意識到自己有迴避成功的傾向，仍渴望成功的人，總有一天一定會成功。

迴避成功

人都會有無意識地迴避成功的傾向。無論你最終會為了成功還是選擇努力，或是依舊迴避成功，都要意識到自己有這種傾向。

心理學家馬蒂娜・霍納（Matina Horner）主張「人類會不自覺地迴避成功」，稱作「成功恐懼理論」——因為成功必定伴隨著失敗與風險，所以人會無意識地害怕成功。那要怎麼樣才能成功呢？意識到成功可能伴隨著失敗與風險，但告訴自己：「即使如此還是想成功」，無畏恐懼而努力實行，就是通往成功的道路。

人性弱點
03

為失敗先打預防針，人們習慣「自我設限」

重要考試前一天，總會做起別的事情，這是什麼心理？

明明隔天有重要的考試，不去唸書卻玩起了遊戲……應該很多人有過這種經驗。為什麼總會發生這樣的事呢？其實人類的心理，會刻意製造出對自己不利的狀況，這麼一來即使失敗也不會遭受打擊。也就是說，人會無意識地拉起警戒線，設置心理防衛系統，即為「自我設限」（Self-Handicapping）。

行為性自我設限

本來應該唸書的時間卻玩起電玩或打掃，也就是自己主動「安排阻礙」，稱為「行為性自我設限」（Behavioral Self-Handicapping）。

宣稱性自我設限

事先做出預防性的發言，失敗的時候才不會被周遭的人看不起，而成功的話也會讓評價提升，即是宣稱性自我設限（Self-Reported Handicapping）。

人性弱點
04

擁有再多也不易滿足，為什麼？

不管是食物還是其他，能輕鬆取得的，無法滿足人的欲望。

同樣的菜色，比起買了便當能直接吃，自己從材料開始做起會較有滿足感。但是，討厭麻煩的人則不這麼做，倒是喜歡吃便當、零食或速食。因此，這些人會因滿足度低而容易吃過量，進而導致肥胖或暴食症——這種惡性循環稱作「報酬不足症候群」（Reward Deficiency Syndrome），不僅會發生在飲食上，更是隱藏在多數依存症的機制。

太好吃了！
把它吃完吧～

已經吃了 10 個，
好滿足～

甘栗
去殼

甘栗
帶殼

沒費心力就不能滿足

除了「實質報酬」（藉由吃來滿足），努力而獲得成果的過程，更是感到滿足的關鍵。缺少努力（取得食材、加工）就獲得報酬，大腦報酬系統無法分泌足夠傳達物質而不能滿足，會不知不覺吃太多，所以要減肥，自己做菜較好。

面對主管酸言酸語的應對密技

人性弱點 05

不知為何上司總愛挖苦人，該怎麼應付才好？

為了在社會上生存，與主管保持良好關係是很重要的事。但如果主管總愛嘮叨，盡說些刺耳的話呢？想必你就不想做事或去公司上班了吧。心理學的交流分析理論將人與人之間的互動溝通行為稱為「撫慰」（Stroke），而像是貶低、諷刺等會讓人有負面感受的行為則是「負面撫慰」。

經常做出負面撫慰的人，有將自己內心的不安，以挖苦的方式攻擊他人，藉此得到安慰的傾向。藉由酸言酸語，而讓對方動搖或有難過等反應時，就會讓主管的內心深處獲得滿足。因此，面對愛酸言酸語的上司，不要正面回應，當耳邊風聽聽就好。從他人身上得不到撫慰，主管就會覺得無趣而不再挖苦人。

① 保持微笑

只是沉默地微笑，如此應對會跟主管預想的不一樣，讓他覺得你「不好招惹」。

② 以「是啊」來回應

不被主管的話所動搖，只是淡淡地附和，主管便覺得無趣，下次就不會來挖苦你。

③ 將台詞變得更有趣

酸言酸語並沒有意義，不用太在意。將它當作樂趣，在心裡把主管台詞轉變，藉此減輕心中壓力！

④ 盡力避開

愛酸言酸語的人，會鎖定同一人。為避免這種狀況，盡量避開也是一招。

人性弱點

善用「互惠原則」，擄獲人心的妙招

「受人恩惠，就想回報」的這種心理在商場被巧妙地運用。

當他人對自己釋出善意時，無論是誰都會感到開心。不僅如此，也會因此對對方抱有好感——人的心理自然會有這樣的反應，因為任何人都希望能被周遭的人接受、認同，所以對於幫助以及肯定自己的人容易有好感，在心理學稱為「互惠原則」（Reciprocity）。

試吃區

試吃後，會想「以購買作為答謝」

客人因為免費試吃了，心裡會有：「就算不買該商品，也不得不買點什麼」的感覺。

哪樣商品比較好呢？

這件商品是拋棄式的，很方便～我很推薦哦！

因細心的服務而有信賴感

因為店家細心的服務，在店員的推薦下會立刻購買，甚至決定下次要買的時候也要來這間店。

從對方身上獲得一些東西而感到高興的時候，不是為了面子而是真的會想要報答對方。即便接收到的不是實際的物品，只是善意或肯定的心意、訊息，心中也會湧現好感。因此，明確地釋出善意，對方有很高的可能性會喜歡上自己。而得到試用品，若不買下商品就會不好意思的心理，也算是「互惠原則」的其中一種。

習慣回報的心理

白色情人節是因「互惠原則」而誕生——人們會在西洋情人節送巧克力給心儀對象，進而才有白色情人節；休假旅行時會買土產回來分送等皆為互惠原則發展出來的習慣。

人性弱點
07

別人說你壞話，再小聲都能聽見，為什麼？

為什麼在吵鬧環境，還是聽得見自己感興趣的話？

在派對、會場等吵雜場所，卻還能聽見自己感興趣的話題，或感覺到另一頭談話的人提及自己名字……，任誰都有過這種經驗吧。心理學家柯林‧柴瑞（Colin Cherry）將這種現象命名為「雞尾酒會效應」（Cocktail Party Effect）（或為「選擇性關注」，Selective Attention）。

只會聽見自己在意的話

當某一方提到自己的名字、喜歡的事物、所屬的公司等，不自覺就會聽見這些。

選擇性測試

one point

選擇性關注

資訊量太多，人只會關注自己所選或重要資訊，並設法理解。而不在自己關注範圍，則忽略不理。

雙耳聽覺測試

在受測者左右耳朗讀不同文章，並先指定須注意聽某側，最後請他複述兩耳所聽到的，而他只說得出指定的那側。由此可推測——專注有選擇性，且只對關注之事加以理解。

不重要的東西，為何難捨棄？

人性弱點
08

是怎樣的心理機制，讓人總有無法捨棄的東西？

斷捨離或極簡主義等，經常強調生活只要最低限度的必需品，但要丟掉自己買的東西，對任何人來說都很困難。家裡會堆滿物品，與稟賦效應（Endowment Effect）這種心理現象有關——即使是冷靜思考就知道是不需要的東西，但因為屬於自己，就成了難以捨棄的重要物品。

稟賦效應讓人無法捨棄

冷靜地思考是否需要

因為「稟賦效應」而感到有價值的東西，很多時候冷靜想想「其實沒有也沒差」。重新審視平常瞥都不瞥一眼的，或是再買就有的物品吧！

運用稟賦效應

提供一個禮拜的試乘，讓客人實際擁有

只要一點押金就能試乘一個禮拜，讓客人會因為稟賦效應而覺得車子的價值變高，甚至不在意價格了——這是美國車商實際運用到的技巧。

人性弱點
09

挑選伴侶，「相似」、「互補」哪個好？

為什麼會喜歡與自己相似的人？但也易因小事一言不合。

心理學中，兩者有相近之處稱為「相似性」，好比有個詞叫做「夫妻相」，而人往往會喜歡上與自己有部分相似的人，心理學家唐‧伯納（Donn R. Byrne）也曾做過實驗，面對與自己意見或立場相同的對象，較易被吸引。而彼此有共同的興趣或嗜好，會促使雙方更加親近。

相似性

好開心♡

我們好像喔♡

沒什麼壓力♡

因為興趣很合啊♡

電影院

彼此相似會有親切感

外貌、興趣、品味相似的男女會有親近感，較易發展戀情。

除了醬油，其他一概不接受！

煎蛋就是要灑鹽吃！

容易因小事吵架

一旦意見與態度不合，小事也會引發大爭執。

另一方面，根據心理學家蓋伊・溫奇（Guy Winch）的實驗，卻顯示個性不同的情侶較能順利交往，這與伯納的理論完全不同。當個性不同的兩人能夠互相彌補對方的不足，這樣的關係稱為「互補性」——自己的長處能補足對方的短處，使得關係更加堅密。不過，一旦彼此相異之處過多，就會變成「不投緣」，兩人相處則沒辦法那麼順利了。

互補性

天真又可愛的女朋友……♡

認真又可靠的男朋友♡

今天去博物館吧♡

那明天去遊樂園哦♡

博物館

互補的情侶

能夠互補的情侶，會讓彼此視野更開闊，這是因為戀情中有「互補性」在運作。

煎蛋要灑鹽♡

我是沾醬油♡

相互認同會讓彼此更具魅力

如果能認同對方與自己不同的興趣、嗜好，比起「相似性」高的情侶，你在對方眼裡更具魅力。

「越吵感情越好」，真的嗎？

常吵架的情侶，是對伴侶的發怒門檻較低。

「越吵感情越好」，這句話有一定程度是對的。常常吵架的情侶，是對伴侶的發怒門檻較低，而這個發怒的門檻，就稱為「消極閾值」（Negativity Threshold）。這麼說來，消極閾值越高，應該感情越好吧？但事實上，卻是雙方在積蓄對彼此的不滿，一旦爆發就會形成無法挽回的裂痕。

消極閾值較低的情侶

雖然常吵架但不會分手

消極閾值較低的情侶雖然常吵架，但是不會吵到分手。

24

相反的，消極閾值較低的情侶，一點小事也不會放過，對伴侶的不滿會毫不留情地說出來或以態度表示。因此，這些不滿與矛盾，倒不會造成太大的磨擦，反而能經常適度地釋放壓力。就算對伴侶不滿也不要忍耐，好好地告訴對方，即是夫妻關係圓滿的祕訣。因此，消極閾值便是決定婚姻生活模式的重要因素之一。

消極閾值較高的情侶

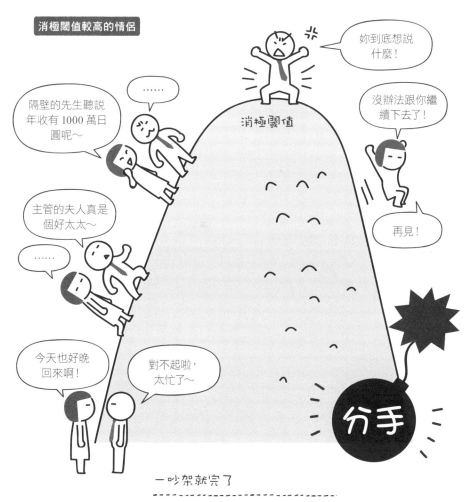

妳到底想說什麼！

沒辦法跟你繼續下去了！

隔壁的先生聽說年收有 1000 萬日圓呢～

……

消極閾值

主管的夫人真是個好太太～

……

再見！

今天也好晚回來啊！

對不起啦，太忙了～

分手

一吵架就完了

消極閾值較高的情侶，雖然不常吵架，但一吵就可能會直接分手。

25

人性弱點 11

限制越多，對方越容易反抗

為什麼一旦被命令，就立刻想抗拒？

在學生時代，明明自己也想著：「看完這個電視節目就去唸書。」可一旦被父母念：「快去念書！」心裡就跑出：「我正要去念啊！」的念頭，而變得不想念書了……這種經驗任誰都有吧。人總是想「活得自由」，一旦自由受到限制就會想要抗拒，在心理學中稱為「心理抗拒」（Psychological Reactance）。

反抗命令

對健康不好，趕快戒掉！

只是抽個菸，少管我了！

被限制而想反抗

抽菸的人感受到「抽菸」的自由被限制而抗拒命令，繼續抽菸。

對於「之後買不到」的狀況，產生反抗

我好想要那個～得趕快買下來！

期間限定商品！今天就是最後一天！

○○超市

購買的自由被侷限

購買自由被限制，反而會想現在就買，如此便會認為自己有購買與否的自由。

反對譴責

一定要打倒○○政權！

○○政權又沒有做那麼多壞事……

△△黨

回力鏢效應的作用

即便跟發話者有一樣的想法，可是一旦聽到太強硬的看法，就會想持反對意見。這種現象稱為「回力鏢效應」（Boomerang Effect）。

one point

回力鏢效應

各領域也有同樣用語，在心理學是指發話者想說服對方時，反而會讓對方意見與自己意圖背道而馳。

對他人說服的抗拒

被勸說反而不想照著做

客觀來看，分手較好的伴侶，朋友也會勸你「分手」。但被這麼說，反倒想找出對方優點，而無法分手。

串燒

可是他也有好的地方……

那種男人，還是趕快分手吧！

被人催促「趕快念書」，就會回嘴：「我自己有規劃念書時間啦！」且會覺得自由被限制，而想抗拒的心情也削減了本來想念書的動力。因為被對方命令的時候，會立刻沒了幹勁——這是人類心理很自然的反應。當店家說：「這是最後一件！」就會想著：「錯過這次就買不到了。」也是心理抗拒的一個例子。

人性弱點
12

少數服從多數？
別落入「團體迷思」陷阱

為何明明是錯的，還是會跟大家說出一樣答案？

人容易隨波逐流於周遭的看法，即使知道是不對的，但還是會先跟著大家做出一樣的行為。心理學家所羅門·阿希（Solomon Eliot Asch）進行了一項從眾實驗——提供一個三選一問題給一人回答，他有99％的機率不會答錯，但與六位暗樁一起回答時，若六人皆說了錯誤答案，那個人就會被誤導，而讓正確率降到三分之一。

阿希從眾實驗　　　　　　　　椿…暗樁　　測…受測者

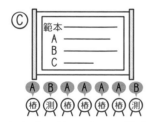

暗椿全員皆錯答，從眾率為75％

當自己以外的其他人皆答錯，不禁會選擇跟大家一樣的答案。而起初沒有從眾的人，當反覆進行同樣實驗，75％的人會從眾一次。

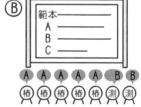

受測者有兩位，從眾率為10％

當受測者是兩位時，最先給出答案的受測者若回答正確，另一位受測者則不會被暗椿的錯誤答案影響，從眾率降到10％。

一位暗椿回答正確，從眾率5.5％

有一位回答正確的暗椿，則從眾率為5.5％。

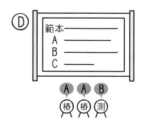

參加人數較少則從眾率13％

當只有兩位暗椿，從眾率為13％；暗椿增加到三人以上時，則從眾率會到30％，但之後再增加暗椿數，從眾率也不太會有改變。

任誰都可能因為「團體迷思」（Groupthink）與「同儕壓力」（Peer Pressure），而被引導至意想不到的方向去。要在團體中堅持自我主張，不妥協於自己認為是錯誤的想法，是非常辛苦的。在這種情況下，最重要的是你不能被動搖，且要不斷重申自己一貫的主張。就算自己的意見是少數派，當出現贊同的人，要能互相討論並統整好意見，因為想要推翻多數派，能提出有根據的理論與說明會更好。

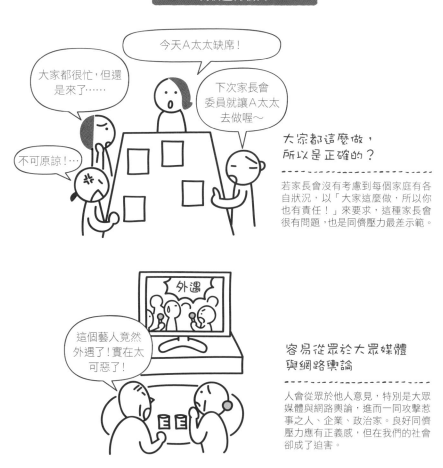

同儕壓力很大

今天A太太缺席！

大家都很忙，但還是來了……

下次家長會委員就讓A太太去做喔～

不可原諒！…

大家都這麼做，所以是正確的？

若家長會沒有考慮到每個家庭有各自狀況，以「大家這麼做，所以你也有責任！」來要求，這種家長會很有問題，也是同儕壓力最差示範。

外遇

這個藝人竟然外遇了！實在太可惡了！

容易從眾於大眾媒體與網路輿論

人會從眾於他人意見，特別是大眾媒體與網路輿論，進而一同攻擊惹事之人、企業、政治家。良好同儕壓力應有正義感，但在我們的社會卻成了迫害。

人性弱點
13

適度營造「緊張感」
能激發動力

重要場合不想過於緊張，但完全不緊張也是有問題的。

在面試與發表等重要的場合上極度緊張，而造成腦筋一片空白、講話吞吞吐吐……這樣的經驗任誰都有吧！人越想在別人面前表現良好，越會感到壓力而緊張。然而，緊張並非全為壞事，為了達成目標，適度的緊張感是有所幫助的。

沒緊張感也沒動力

獎賞與處罰皆會帶來動機，成為原動力。
兩者皆無的情況下，就沒有緊張感，表現
也會差強人意。

心理學家羅伯特・耶基斯（Robert M. Yerkes）與約翰・多德森（John Dillingham Dodson）經由老鼠實驗得到「耶基斯－多德森定律」（Yerkes–Dodson Law），從此實驗可得知——緊張程度過低或過高都會讓表現下滑。如果壓力與緊張感過於強烈，人會太緊繃而無法發揮實力，反過來則是不會有什麼幹勁。因此，做習慣的事情時略微提高壓力；做不熟悉之事則削弱緊張感會更順利。

適度的緊張會帶來最大動力

剛剛好的動機，能提升動力，也會有最佳效率。

過於緊張，動力會下降

獎賞或處罰過頭也會讓緊張感過高，而讓表現下滑。

人性弱點
14

「首因效應」，最容易留下好印象

你很在意初次見面的人對自己的印象吧！

不管是商務場合或其他人際關係，為了讓對方留下好印象，在第一次與對方見面的時候，形象是很重要的。雖然與人談話的內容同樣重要，但初見面的「第一印象」，才是決定他人對自己評價和印象的關鍵，也會強烈影響後來的印象，這在心理學稱為「首因效應」（Primacy Effect）。

首因效應

聰明	在這裡將某人的特徵列了出來，你對這人的印象是？
勤勞	
衝動	
批判性	
固執	
猜忌心重	

很聰明能幹，但也因此有他固執的地方。

猜忌心重	在這裡將某人的特徵列了出來，你對這人的印象是？
固執	
批判性	
衝動	
勤勞	
聰明	

狡猾又討厭的人！

只因特徵的排列不同

心理學家亞伯拉罕 · 盧欽斯（Abraham Luchins）的實驗是列出人物特徵，並顛倒排序給兩組實驗對象看，再詢問他們的印象。結果，很明顯人會以最初的特徵為基準，決定對該人物的印象。

不是昂貴的西裝但卻是適合自己且乾淨合身的衣著、打招呼與遞名片的動作很細心等，雖然這些都是再基本不過的事，但卻會影響你帶給對方的印象，且程度絕對超乎你想像。當帶給對方不好的第一印象時，之後要翻身就很辛苦了。即便後來能給對方好印象，也很難顛覆當時留下的第一印象。

第一印象的重要性

有好好整理過的
清爽髮型

一定要微笑

服裝不一定要時髦，
但須考慮到時間、地
點與目的

指甲要修剪

破爛鞋子是壞
印象的根源

one point

麥拉賓法則

艾伯特・麥拉賓（Albert Mehrabian）提出一項麥拉賓法則（The Rule of Mehrabian），從中可得知哪些因素決定了對他人第一印象好壞，其中「言語資訊」（說話內容）占 7%、「聽覺資訊」（說話方式與語調）占 38%、「視覺資訊」（外在）則占 55%。

留下討喜的形象

第一印象對日後工作會帶來很大的影響，得非常注意。比起留下強烈印象，留下能被對方喜歡的印象才是最重要的。

人性弱點 15

如何打造完美印象？
漂亮收尾很重要

一次接收到的訊息太多，最後的情報會顯得特別重要。

前面介紹了「首因效應」，反過來心理學上也有「新近效應」（Recency Effect）——人會因為這種心理作用，而對感興趣的對象最後留下的訊息特別深刻。換句話說，與人告別之際，你的態度與表情，也會讓對方留下深刻印象，而有所謂「結果好，就代表整體是好的」這種說法。

安德森的實驗

① 律師提出兩項證詞

② 檢察官提出兩項證詞

③ 律師提出兩項證詞

如果約會完要分開的時候，對方露出不高興的表情，你的感覺會很差吧；若是對方流露出幸福的笑容，你對那天的約會就會留下好印象；如果工作上犯了錯，好好道歉再慎重地回應後立刻離開，也會帶給對方做事乾脆的印象。從「首因效應」與「新近效應」可得知——一「開始」與「最後」是最重要的部分。

最後提出證詞的一方較有利

安德森以犯罪事件為例，進行模擬法庭實驗。律師與檢察官各準備六項證詞，每次輪流對陪審員提出兩項，而判決對最後舉證的檢察官較有利；但改變證詞順序，變成檢察官提六項後，換律師提六項，結果判決對律師有利。如此可推測當人接收大量訊息時，最後一個會影響判斷。

④ 檢察官提出兩項證詞

⑤ 律師提出兩項證詞

⑥ 檢察官提出兩項證詞

人性弱點
16

遠距戀愛，為何難維持？

遠距離戀愛，真的難以維繫嗎？物理距離也會反映到人的心理距離？

美國心理學家博薩德（J.H.S.Bossard）針對已訂婚的五千對情侶進行調查，結果顯示這些情侶幾乎住在彼此能夠步行往來的地方。也就是說，物理上的距離也反映到心理上的距離，進而走向婚姻的機率也會變高——這即是博薩德於一九三二年提出的「博薩德法則」。

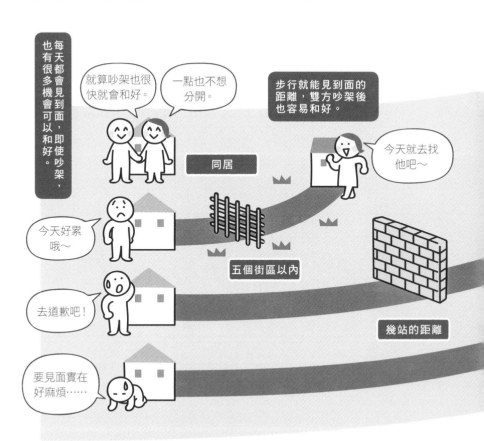

反過來說，物理距離越遠，心理距離也會拉開。我們都說遠距離戀愛不容易，依據博薩德法則來思考，還真是有道理。彼此住得越遠，就越不容易見到面，心理距離也自然越來越遠，最後走向分手。遠距離戀愛的時候，透過 Skype 視訊等方式面對面說話，是有必要的。

求愛小心機！
對方失戀時趁虛而入

人性弱點
17

為什麼人在失戀時被溫柔對待，會開始在意起對方呢？

被甩了以後跟溫柔對待自己的異性墜入新戀情——雖然這種經驗不是誰都有，但應該都聽說過。因失戀或失敗而陷入負面情緒時，受到溫柔對待，人大多會認定溫柔對待自己的人是「恢復自己自尊心的必要存在」，即是「善意的自尊理論」。

工作順利，也有男朋友。真是快樂人生！

高自尊感

當人生接近自己所希望的狀態時，會認同自己並積極善待他人，成為有魅力的人。

啊！

工作遭遇重大失敗

悲慘的失戀……

人生一定會遭遇危機

理想人生不可能一直持續，有時也會遇到重大失誤或失戀等挫折。

不僅是失戀，還有工作上重大失誤，或是考試失敗等，任誰都有可能遇到否定自我存在意義的精神傷害。這時如果有對自己釋出善意或肯定的對象，會更容易恢復自尊心與自我評價。自我評價下滑時，連以前看都不看一眼的對象對自己溫柔對待時，內心也會動搖。所以當喜歡的對象失戀，就是接近對方的好機會。

沒有這回事，妳是很棒的人哦～

嗚嗚～
像我這種人
……

自尊心下降

當人生遭遇挫折，自尊心會驟然降至低點。

好了，
別哭了～

謝謝……

喜歡上安慰自己的人

當自尊心較低時，容易喜歡上對自己釋出善意，或稱讚自己的人。

下次要不要一起出去吃個飯呢？

當然～
我很樂意！

安慰自己的人＝重要的人

當對方提高自己原本下降的自尊感，會認為對方是重要之人。

人性弱點
18

工作動機從何來？
主管該懂的四種心理需求

提升工作動機的要素，其實取決於四種需求。

驅使人們工作的動機為「成就」（Achievement）、「親和」（Affiliation）「權力」（Power）三種需求——此為心理學家戴維・麥克利蘭（David・C・McClelland）所提出的「成就動機理論」（Achievement Motivation Theory），另外還有迴避需求，這些需求左右了人的工作動機，而哪項要素影響較強因人而異。不限工作，人的行為也受其中一種需求所影響。

成就需求

> 這個工作不想交給任何人。

> 想依照自己的步調工作！一旦達成目標，希望被人稱讚。

成就需求較強的人

最在意自己工作的進展，非常關心自身能力範圍內的工作，並想立刻知道成果。

權力需求

> 依照我的指示，就可以達成目標哦！

真厲害～

權力需求較強的人

喜歡指示他人、行使影響力。雖然傾向有挑戰性的工作，但比起成就，更希望在人前建立聲望與信用。

簡單來說，比起報酬，覺得達成目標更重要的是「成就需求」；希望與人締結密切的友好關係、得到他人喜愛的是「親和需求」；想要影響或是控制他人的是「權力需求」；想避免失敗、各種麻煩事的則是「迴避需求」。如此統整後，就能知道自己是基於哪種需求而工作，也能了解你生活中的行為被哪些需求所影響了。

親和需求

真是辛苦的工作，我來幫忙吧！

太好了！

下次有機會我再來幫忙他的工作吧！

親和需求較強的人

強烈希望藉由幫助他人而被關注、喜愛；如果一個人進行工作則會非常緊張。

迴避需求

不想要太高的目標啊……

我也是～但大家都是這樣的話也沒辦法……

迴避需求較強的人

極力避免風險，傾向與身邊的人擁有相同程度的目標。

人性弱點
19

大腦有差異！
女性要同感，男性重目的

希望對方懂自己時卻不被了解，男女的差異就在於大腦。

當女友或女性友人向自己訴說煩惱而提出建議時，對方卻看起來不太開心，甚至生氣了……很多男性都有過這種經驗吧！而這是男女大腦差異所造成的——男性在對話時會尋求「意義」與「目的」，女性則是想獲得「同感」。因此，為了解決女性煩惱而冷靜地提出建議，反而是不適當的處理方式。

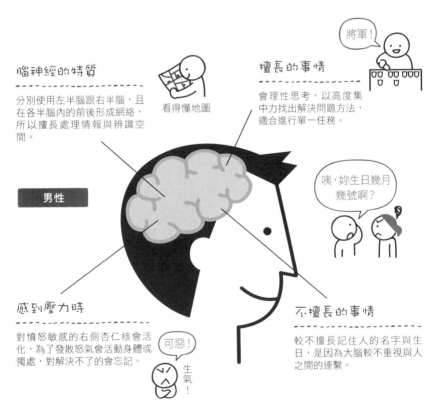

將軍！

腦神經的特質

分別使用左半腦跟右半腦，且在各半腦內的前後形成網絡，所以擅長處理情報與辨識空間。

看得懂地圖

擅長的事情

會理性思考，以高度集中力找出解決問題方法，適合進行單一任務。

男性

咦，妳生日幾月幾號啊？

感到壓力時

對憤怒敏感的右側杏仁核會活化，為了發散怒氣會活動身體或獨處，對解決不了的會忘記。

可惡！

生氣！

不擅長的事情

較不擅長記住人的名字與生日，是因為大腦較不重視與人之間的連繫。

當女性述說自己的煩惱與抱怨時，男性該做的並不是給予建議或導出結論，而是對於對方的艱苦與悲傷表示同感，一邊回應「我懂」、「好辛苦」，一邊聆聽。當女性向男性訴苦時，從一開始就沒有想要得到解決方法，所以不要打斷她的話，徹底傾聽是最重要的。不限於煩惱與抱怨，男性最好當個任何事都擅長聆聽的人。

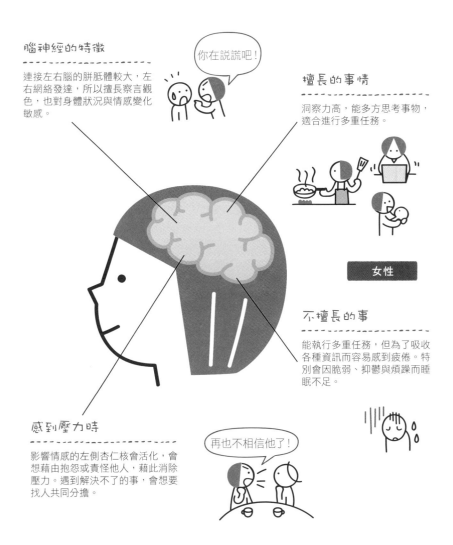

腦神經的特徵

連接左右腦的胼胝體較大，左右網絡發達，所以擅長察言觀色，也對身體狀況與情感變化敏感。

你在説謊吧！

擅長的事情

洞察力高，能多方思考事物，適合進行多重任務。

女性

不擅長的事

能執行多重任務，但為了吸收各種資訊而容易感到疲倦。特別會因脆弱、抑鬱與煩躁而睡眠不足。

感到壓力時

影響情感的左側杏仁核會活化，會想藉由抱怨或責怪他人，藉此消除壓力。遇到解決不了的事，會想要找人共同分擔。

再也不相信他了！

人性弱點

20

如何提升自信？
「自我擴張」能辦到

讓自己看起來更好的物品，實際上也能提升自我。

身上穿戴著高價的手錶或西裝時，任誰都會覺得自己的格調提升了吧，這就是「自我擴張」（Self-Expansion）的心理作用，也就是認定所擁有的物品即代表自己的一部分。因此，只是持有高級的物品，也會覺得自己的價值感提升了——這也是積極地讓自己更有自信的一種方法。

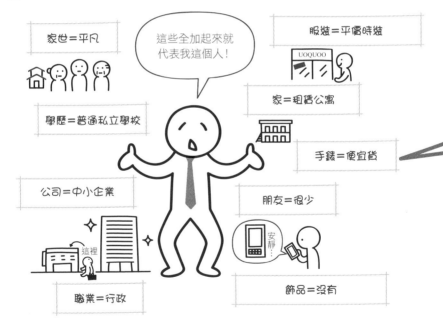

身份地位構成自我的一部分

一個人的自我雖然存於自己的內在，但外在條件，也就是自己的所有物、經歷、狀況等身份地位也會構成自我的一部分。如果這些外在條件全都不優，就容易自卑。

雖然擁有自信很重要，但有不少人對此感到困難。自我擴張便是可以提高自信的簡單手段，譬如有個名人朋友會感到驕傲，也是一種自我擴張。高價手錶、衣服、車子等，因為持有或是將這些穿戴在身上，能提升些許自信，進而讓自己對各種事物更加積極。

透過自我擴張變得積極

擁有任何一個能向他人誇耀的物品，能克服自卑感，也能因此感到自豪，面對事物會變得更積極，這就是「自我擴張」。

人性弱點
21

運用「暈輪效應」，提高評價最快速

對方有著「高學歷」，就覺得是自己喜歡的類型……？

與「首因效應」一樣能強烈影響給人印象的便是「暈輪效應」（Halo Effect）。而人的印象與評價，一個因素就會造成很大的改變。比方說，一聽到對方是知名大學畢業，便會不自覺地提升對他外表的評價，認為高學歷的人看起來會比原本的樣子還來得帥氣。

正面暈輪效應

哈佛大學畢業

> 那個人好像是留學回來的！雖然不是我的菜，但還滿帥的！

> 我覺得他長得很帥呀～

高學歷看起來更帥

因為有一個較為出色的長處，而讓其他部分的印象跟著提升，就是正面暈輪效應。

負面暈輪效應

無名大學畢業

> 那個人畢業的大學連名字都沒聽過。

> 臉也長得不怎麼樣～

普通學歷讓外貌看起來也平庸

相反地，若是帶有負面的特徵，也會讓整體印象下滑，這即是負面暈輪效應。

人會根據對方某部分的好壞，對他的整體評價也跟著提高或降低，稱為「暈輪效應」。想要正面地利用暈輪效應，可以在名片等東西印上自己的頭銜以及持有的執照、目前工作的實績等情報。如此一來，更有機會讓對方留下「這個人很有能力」的印象。

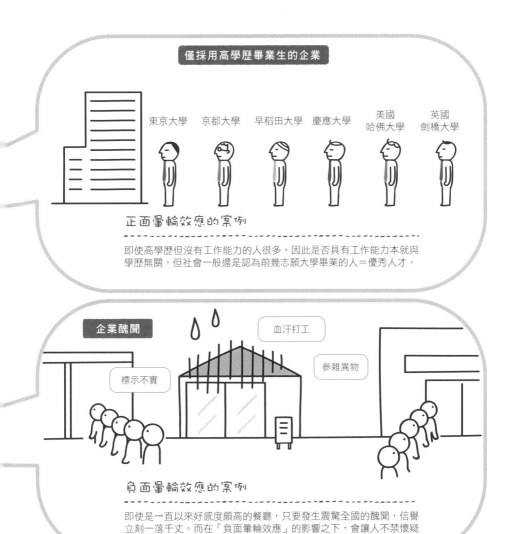

僅採用高學歷畢業生的企業

東京大學　京都大學　早稻田大學　慶應大學　美國 哈佛大學　英國 劍橋大學

正面暈輪效應的案例

即使高學歷但沒有工作能力的人很多，因此是否具有工作能力本就與學歷無關，但社會一般還是認為前幾志願大學畢業的人＝優秀人才。

企業醜聞

血汗打工

參雜異物

標示不實

負面暈輪效應的案例

即使是一直以來好感度頗高的餐廳，只要發生震驚全國的醜聞，信譽立刻一落千丈。而在「負面暈輪效應」的影響之下，會讓人不禁懷疑該餐廳是否還有其他問題。

人性弱點 22

愛比較是天性？
只因自信不足

會在意自己的成績或排名，是因為需要安全感。

不管是公司內的實績還是在班上的勢力，有不少人會隨時注意自己身處的位置。人在群體之中要確認自己的地位，會藉由與周遭比較並自我評價，這就是「社會比較理論」（Social Comparison Theory），透過與他人比較，能確認自己所處地位，而做出相對應的行動與判斷。

透過比較而感到安心

第2名　第5名

我想吃的麵包是第1名啊！果然真的好吃呢～

我喜歡的麵包在排名之外……這美味不被人所知，真是可憐……

第1名

先買1～3名的麵包吧！

第3名

第4名

與他人比較是與生俱來的需求

自己的意見是否正確、具備能力還是缺乏能力等，人總會透過跟他人比較，讓自己的評價更加確實，而排行榜正是能確認自己的意見與喜好是被社會所接納的指標。

比方說，看到自己所選的商品上了人氣排行榜而感到安心，即是社會比較理論的一個例子——這是因為「自己跟大家選了一樣的東西」而感到安心的緣故。日本有很長一段時間被稱作「一億總中產社會」*，社會上一大半人並非富翁也非極端貧窮的人，人們因而感到安心。但最近被說是「格差社會」**的狀況下，也將越來越難有安心感。

向上與向下比較

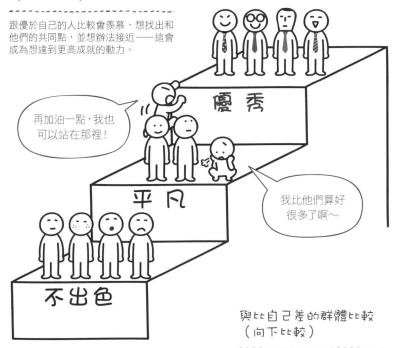

與優秀的群體比較（向上比較）

跟優於自己的人比較會羨慕，想找出和他們的共同點，並想辦法接近——這會成為想達到更高成就的動力。

再加油一點，我也可以站在那裡！

優秀

我比他們算好很多了啊～

平凡

不出色

與比自己差的群體比較（向下比較）

跟比自己差的群體比較，可以獲得安心感。特別是去探望患了重症的人之後，會有這種向下比較的傾向。

---

* 編註：日本於 1960 年代開始產生的國民意識，約有九成的國民都自認為中產階級。

** 編註：社會上的層級之分極為嚴密，各個層級的經濟、教育、社會地位落差極大。

「脈絡效應」有心機，人的情緒隨你操弄

商品介紹聽起來越順耳，會認為物品越有價值。

商品的價值，並不只靠物品本身而已，這是誰都懂的事。現今媒體充斥著各種廣告，應該不難理解商品的呈現、展示方式是非常重要的。在行銷領域中，為了讓消費者更能感受到商品價值，常利用的就是「脈絡效應」（Contextual Effect）。

愉快的話題後，人容易答應要求

請告訴我們關於朋友的事～／好啊～

可以再問你其他問題嗎？／好啊～

52% 會立刻答應

請告訴我們關於同事的事～／好……

可以再問你其他問題嗎？／不，我有點事……

只有 18% 會立刻答應

說話的順序會改變印象

心理學家費茲西蒙斯分別詢問受測者關於朋友與同事的問題，發現他們對下個問題的接受度不同——詢問關於朋友的問題後，會接著回答下個問題的比例增加，這是因為「脈絡」讓人對下個問題的感覺跟著改變。

有來歷價值就高

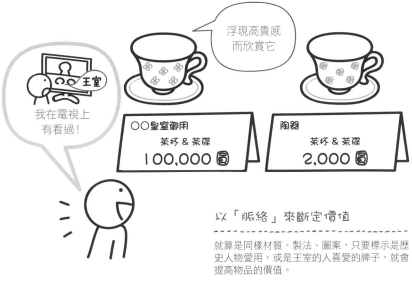

以「脈絡」來斷定價值

就算是同樣材質、製法、圖案，只要標示是歷史人物愛用，或是王室的人喜愛的牌子，就會提高物品的價值。

以「脈絡」來判定是數字還是文字

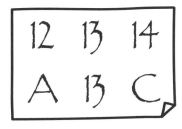

透過前後文的關係推論出意思

即使是同樣語言、文字，前後文不同，意思也會改變。如左圖 13 與 B 是完全一樣的形狀，但與數字排在一起就像數字，與字母一同排列則像字母。

商品周邊情報不同，商品本身的價值也會不一樣。假如蛋糕店裡擺著看起來很好吃的甜點，旁邊的展示牌寫著「人氣商品」，或是「○○皇室最愛！」等，這甜點的魅力光用看的就不一樣──這就是脈絡效應。在介紹中讓人感受到商品的歷史或是權威，就能提高它的價值感。

人性弱點
24

「解決性提問」，讓人窩心不討厭的話術

懂得運用「自我說服」心理，說服他人事半功倍。

被人挖苦的時候，內心不禁會想：「那是什麼意思呢……？」而總是鬱鬱寡歡，應該不少人會這樣吧。如此放在心上，並不是件好事。想要弄清楚別人挖苦的原因，反而會更在意對方所說的事，而覺得自己真的是那樣的人，這就是「自我說服」（Self Convince）。

自我說服案例

剪頭髮了？現在還剪這種髮型啊～

咦？

他剛剛是什麼意思？不適合我？只有我自己覺得流行嗎？很俗嗎？啊～好煩啊！

拜拜啦～

不要過度在意挖苦的話

認真思考被挖苦的事，只因為「自我說服」而被傷得更深，積累更多壓力。巧妙地岔開話題，聽聽就忘掉它吧！

該怎麼不再折磨自己呢？方法很簡單——自己不要去想那些挖苦的話，心裡就什麼都不會留下。此外，建議你當下立刻反問對方：「這是什麼意思呢？」一被這麼問，對方就陷入得解釋的窘境，而感到困擾。如此一來，對方會覺得挖苦你太麻煩，以後把你當挖苦對象的機率就不高了。

「自我說服」的應用：解決性提問

善用提問讓對方意識到優點

面對看似有煩惱且只差一步就會買下的顧客，利用「解決性問題」（Need-Payoff Question）能發揮作用。透過提問，能讓顧客思考自己煩惱的問題以及希望怎麼解決，他便會因「自我說服」而意識到優點，提高購買意願。

人性弱點

25 提高「自我效能」四秘訣，成功者都在用

被信賴與被期待時，會覺得自己什麼都做得到。

要達成一件事，雖然能力與努力是必要的，但「沒來由的自信心」意外地也很有效。這種覺得自己不論什麼狀況都能做出一番成績的勝任感與自信心，美國心理學家阿爾伯特・班度拉（Albert Bandura）稱之為「自我效能」（Self-Efficacy）。事實上，會成功的人，他們的自我效能都較強。

提高自我效能的四種方法

① 成功經驗

成功是獲得自信的萬能藥

曾嘗過一次成功的滋味，就會成為強大的自我效能。就算是極小的成功體驗，也能讓自己轉向關注「做得到的事」，而不是「做不到的事」，因此更有自信。

上一次考了 90 分，這次要考得更高！

② 替代性經驗

學習前輩

看到別人成功的模樣，就能了解獲取成功的方式，而覺得自己也辦得到。特別是能力跟自己差不多的對象，會加強「自我效能」的效果。

前輩那麼認真唸書……好，我也要加油！

③ 言語說服

沒問題的！
都這麼努力到現在了，
一定會考上的！

好！

強大的言語力量

說服自己做得到，即能提高自我效能。倘若有具體理由，效力會更高。另外，不只透過他人說服，自己不斷說服自己：「我做得到！」也很有效果。

④ 情緒激發

我一定考得上的啦～

暫時的萬能感

飲酒或服用藥物讓情緒激昂，也能獲取「自我效能」。但這種感覺只是暫時的，一旦效果沒了，可能會因反作用而被沉重無力感襲擊。

竟然喝起酒來了～

為了達成某件事而行動時，必須要有「結果預期」（Outcome Expectation）（推測自己的行動可以得到某種結果的預期）與「效能預期」（Efficacy Expectation）（為了得到這樣的結果，自己會做出相對應的行動能力之判斷，指的即是自我效能）。而自我效能越強，就越有動力，更能達成目標。所以認為自己想做就做得到，也是有效的激勵方法。

人性弱點
26

真心話難隱藏！
昏暗場所的妙用

在昏暗場所，自制力與道德感會削弱，易展現內心欲望。

美國心理學家格爾根找來了互不相識的男女各六位，讓他們待在明亮與昏暗的房間，進行了一項心理實驗。結果發現這些受測者在明亮的房間，大多說些場面話；而待在昏暗房間，對話則減少了，內容還偏向私人話題，且男女之間的距離拉近，甚至有直接的肢體接觸。

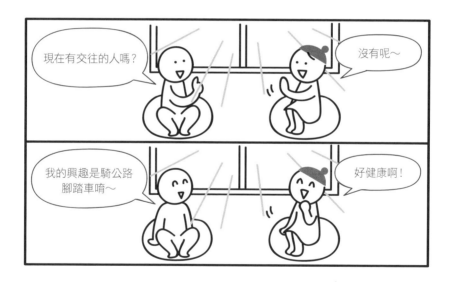

無法敞開心房

在明亮的房間裡，始終進行流於形式的對話，坐的位置也有些距離，難以消除警戒心。

在昏暗的場所，大多數的人會感到不安，而不自覺地想要靠近別人。此外，自制力與道德感會被削弱，而更能敞開心房。比起明亮的地方，較昏暗之處更容易表露真心話與欲望，這即是「黑暗效應」（Dark Effect）的作用。想和心上人加深感情的話，約會時就選擇燈光稍暗且有氣氛的店家。

昏暗的房間

敞開心房甚至有肢體接觸

在昏暗的房間，對話會偏向私人話題，也有人會緊貼著身子，甚至有肢體接觸——是因為在昏暗之處，不容易看到外在缺點與表情，而讓心房更加敞開。

人性弱點
27

親吻熱情的，
多為任性大男人

雖然浪漫的男朋友很有魅力，但也要小心落入某種陷阱。

英國心理學家瑪克禮安指出，親吻時很熱情的男性，結婚後有以自我為中心、成為任性丈夫的傾向。會熱情地進行肌膚之親的男性，並非是對對方有強烈的愛意，只是誠實地展現自己的性慾而已。這種男性欠缺體貼，有很大的機率是個以自我為中心，且為所欲為的人。

親吻方式與性格有關

結婚前……

我的男朋友，接吻與親熱時都好熱情！

我愛妳～

結婚後……

妳照我說的做就好了！

結果只是個任性的人……

熱情親吻是展現性慾的誠實表現

熱情的親吻，是強烈渴望對方的情感表現……其實，並不是這樣，特別是突然激烈地親吻妳的男性，只能說是誠實地展現自己的性慾。結了婚大多也不會隱藏自己的任性，是大男人主義。

以何種方式接吻的男性，和他的婚姻會比較順利呢？瑪克禮安博士指出，肢體接觸很輕柔的男性，個性穩重且能體貼對方，婚後較有可能成為溫柔的丈夫。正在閱讀本書的妳如果是女性，覺得男友的吻是怎麼樣的呢？倘若是男性，也稍微反省一下自己與女性肢體接觸的輕重程度吧。

學歷與親吻習慣的關聯

高學歷男性

100

77%

50

23%

0

輕吻派　激吻派

非高學歷的男性

100

50

40%

60%

0

輕吻派　激吻派

觀察親吻時的特徵來選擇對象

某項實驗曾調查男性的學歷與對親吻的喜好，發現學歷越高的男性越喜歡「輕吻」；學歷較低則喜歡「激吻」。就算妳想要跟男性來個熱吻，還是選擇會顧慮女性想法，喜歡輕吻的男性較好。

大腦內的愛情激素

催產素＝愛情激素

分泌愛情激素

男性在親吻後，腦內會分泌一種稱為「催產素」的愛情激素。催產素能減輕壓力、產生欣快感；女性則在牽手等肢體接觸、氣氛漸佳時會分泌。感到被珍惜時，也會分泌催產素，從而允許對方親吻。

老愛回答「還好」，是什麼性格？

人性弱點 28

不管被問什麼，總回答「還好」，説不定是沒有自信。

心理學家坎貝爾曾進行性格測驗，越對自己沒有自信的人，針對問題越無法果斷地回答「YES／NO」，且作答時會花較長時間——這樣的人害怕自己若是明確表達意見會遭到批評。此外，他們面對批評也沒有反駁的自信，所以話會說得曖昧不清，遇到要做出判斷的情況，會以「還好、普通」來回答。

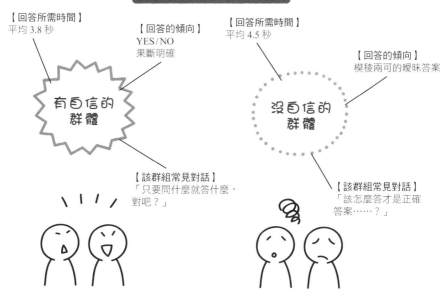

從回答方式看出自信度

【回答所需時間】
平均 3.8 秒

【回答的傾向】
YES/NO
果斷明確

【回答所需時間】
平均 4.5 秒

【回答的傾向】
模稜兩可的曖昧答案

有自信的群體

沒自信的群體

【該群組常見對話】
「只要問什麼就答什麼，對吧？」

【該群組常見對話】
「該怎麼答才是正確答案……？」

缺乏自信之人的特徵

缺乏自信的人，聽到問題會立刻陷入：「自己是怎麼被看待的。」的想法，而在回答時慢了一拍。花較長時間回答問題，或答案較為曖昧，可説是缺乏自信之人。

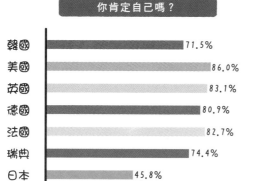

你肯定自己嗎？

國家	百分比
韓國	71.5%
美國	86.0%
英國	83.1%
德國	80.9%
法國	82.7%
瑞典	74.4%
日本	45.8%

0　　　50　　　100

國人缺乏自信

日本於 2013 年調查了各國 13
～ 29 歲的年輕人，發現有自
信、肯定自己的日本年輕人
比起其他國家還少了許多。

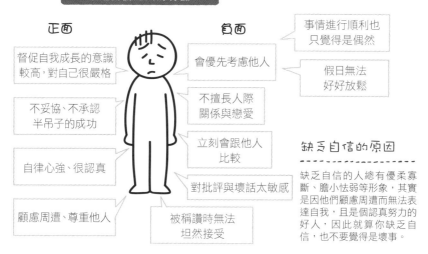

缺乏自信之人的特徵

正面

督促自我成長的意識
較高，對自己很嚴格

不妥協、不承認
半吊子的成功

自律心強、很認真

顧慮周遭、尊重他人

負面

會優先考慮他人

不擅長人際
關係與戀愛

立刻會跟他人
比較

對批評與壞話太敏感

被稱讚時無法
坦然接受

事情進行順利也
只覺得是偶然

假日無法
好好放鬆

缺乏自信的原因

缺乏自信的人總有優柔寡
斷、膽小怯弱等形象，其實
是因他們顧慮周遭而無法表
達自我，且是個認真努力的
好人，因此就算你缺乏自
信，也不要覺得是壞事。

幾年前，有位知名女演員在電影宣傳活動上受訪時，連續回答「沒什
麼……」而成為眾矢之的。「沒什麼……」跟「普通」聽起來一樣是
個曖昧不清的回答。經過心理學的分析，將「沒什麼……」當作口頭
禪的人，是容易在內心深處抱有不滿，很會記仇的類型。前述女演員
正是因為「沒什麼……」這句話，再加上她好像不太開心的態度才備
受批評。

人性弱點
29

選對時機「請託」，
對方更樂意幫你

決定助人與否，往往會被周遭人所影響。

一九六四年發生在美國紐約州的凱蒂‧吉諾維斯謀殺案，非常令人痛心。一名女性在大庭廣眾下被襲擊，附近鄰居雖然看到她正在求救，卻沒有上前幫助或是報警，結果凱蒂在返家途中被襲擊好幾次而喪命*。因為本事件，所謂旁觀者效應（Bystander Effect）的心理作用被提出，對於人類的援助行動也有廣泛的研究。

有眾多旁觀者時，誰都不會行動

有沒有人有意見？

安靜…

應該有人會
打119吧！

好可怕的
火災啊！

觀察周遭情況的心態

旁觀者較多時，誰都不會付諸行動是因為「旁觀者效應」抑制了自己。觀察周遭情況，看到沒有人前往救援，就判斷為不緊急——這是認為做出跟別人一樣的行為，能分散責任與譴責的心理。

> one point
> ### 助人行為
> 意指對他人有益的自發性行為。人類有時會做出以「有利他人為主要目的」之行為，這也是心理學研究的一大主題。

美國心理學家針對助人行為進行了一項有趣的實驗，結果發現人類在發生好事、心情正好的時候，以及懷有罪惡感之時，會積極地想要幫助他人。比起什麼事都沒發生的「普通」精神狀態，對善行的積極度增加了將近兩倍。從這個實驗可得知——做善事並非看當事人是好人還是壞人，而是有沒有符合想做善事的條件。

什麼時候會想助人？

實驗 1　電話亭裡留有零錢

實驗 2　弄壞相機

遇到好事會想助人

在撿到錢的人面前散落文件，73％的人會幫忙撿拾；而沒有撿到錢的人幫助他人的機率是40％，可見人一旦遇到好事，會因心情愉悅而想助人。

罪惡感會促使自己幫助他人

實驗結果發現，讓對方以為是他弄壞相機後再散落文件，有80％的人會幫忙撿拾——證明罪惡感也會提高助人的意願。

---

* 編註：後有研究指出，這起案件並不像當時媒體所報導，事實大多被扭曲了。

人性弱點
30

被問缺點，怎麼回答？

當你想要推薦某樣事物時，該怎麼同時傳達優點跟缺點才好呢？

如果你從事販售工作，想必說出商品優點並不是件難事吧？但是，應該任何人都覺得要說明缺點是很困難的。在顧客詢問：「這個商品有什麼缺點？」能否一邊詳細說明，一邊傳達商品的優點呢？另外，是否曾經因為沒有仔細說明缺點，一旦出事就遭到客訴的經驗呢？

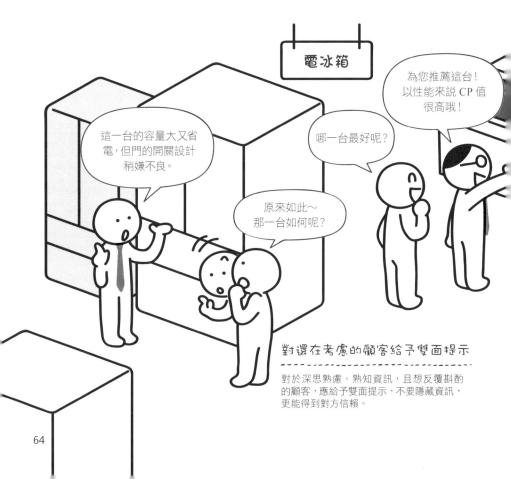

對於深思熟慮、熟知資訊，且想反覆斟酌的顧客，應給予雙面提示，不要隱藏資訊，更能得到對方信賴。

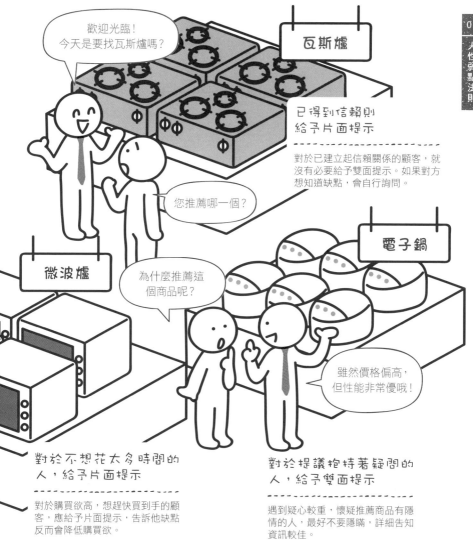

說明商品資訊時，只強調優點的就是「片面提示」；同時傳達優點與缺點的則稱為「雙面提示」。只進行片面提示的情況下，顧客在事後得知其缺點的話，可能會客訴。一般來說，雙面提示較能讓被對方接受以及被信賴。正是因為連缺點都可以詳細說明，更有可能提高商品與你本身的可信度。

心理學證實！決定性格的關鍵

人性弱點 31

孩童迷路時的反應，可以觀察出他內心許多問題。

在人群中和父母走丟時，孩子們的反應各有不同，這與「依附理論」（Attachment Theory）有很大的關係。孩子要能夠正常的成長，需要跟養育者（雙親等）有親密的關係。嬰幼兒在出生六個月～兩歲左右時，受到養育者的照顧，而對養育者產生「依附」，當養育者不在身邊時，會感到悲傷。

安全型

與母親走丟時會感到不安，且會哭泣或沉默，但再次見到母親時，會尋求身體上的碰觸，即使陷入慌張也一下子就能安定，這是因為母親有著安全堡壘的機能。

孩童在找不到養育者，或被迫分離時的反應，依照其養育方式可以分成「安全型」、「逃避型」、「抗拒／矛盾型」、「混亂型」四種類型。六成的孩童皆被分類到「安全型」——即是跟父母走丟時就算會哭鬧，但重逢後會開心地撲上去；「混亂型」則沒有反應，或是激烈的哭鬧，也可能捶打重逢的父母等，反應較無秩序，而被父母虐待的孩童通常會有這樣的狀態。

哎呀，你是去哪了？

媽媽妳才去哪裡了啦！

……

嗚嗚……

抗拒／矛盾型

與母親走丟時會顯現出強烈不安，重逢時會尋求身體接觸，但會指責甚至攻擊母親。可能是因母親態度反覆無常，對待孩童的做法沒有一致性，較無發揮安全堡壘的機能。

混亂型

看似不安且面無表情，但重逢時會一邊將頭撇過去，一邊尋求身體碰觸，展露矛盾且無秩序的行為。大多是過去心靈曾受傷，或遭虐待的孩童會這樣。

……

逃避型

走丟時毫不慌亂，會沉默不語，重逢時也毫無反應。這是因雙親沒有安全堡壘的機能，且平常只會否定並限制孩童行為的關係。

01

人性弱點法則

被討厭的勇氣，如何擁有？

為了對方著想其實是件困難的事，而阿德勒心理學提供了一種方式。

提倡「個人心理學」的心理學家阿爾弗雷德・阿德勒（Alfred Adler），主張自我與他人的課題必須分開思考。根據阿德勒的說法，我們不該干預別人的課題，而是思考自己想怎麼做、該如何做等自我的課題。替對方著想的確是很重要的事，但「對方怎麼看待自己」無論如何都是對方的課題，自己是沒有辦法控制的。

課題分離

不唸書的話，就不能考到好學校哦！

不要！我還想玩！

我的課題是協助孩子走向順利人生，但不能強迫他。

能否考進好學校，是孩子的課題，爸媽不要插手多嘴，只要告訴他們壞處，讓孩子保有自主性。

可能為時已晚了，但我想要去一所好學校……

那就加油吧！我已經找到一些看起來不錯的補習班了！

全力支持孩子想做的事吧！成功的話，就會對自己有自信，即使失敗後悔了，也會成為下一次挑戰的動力。

無法做到課題分離

快點唸書！

如果孩子人生不順利，一定會後悔也會埋怨我吧！

咦……好……

對他人過度命令，是不認同對方為獨立個體的行為，也就是做不到課題分離。

我明明就照著媽媽說的好好唸書了，還考不到好學校！本來想要多跟朋友玩、在社團活動好好努力的說……

我是為了你著想……

不應該這樣才對的啊……

如果遵從命令卻失敗了，矛頭就會指向命令者。孩子不能意識到自己的事情是自己的課題，把責任怪罪到父母身上，也會惡化關係。

過於在意對方的想法會影響判斷，做出錯誤行動。你的人生，理所當然屬於你自己，與其擔心別人怎麼看待你，想著「會不會被人討厭」，最重要的是你要做什麼、怎麼活下去等自我的課題。不要過度在意他人臉色，偶爾抱有「被討厭的勇氣」，為了自己而活是很重要的。

疲憊的人際關係，讓心生病了？

　　憂鬱症與思覺失調症（Schizophrenia）等心理疾病，為什麼會發生呢？雖然人際關係等社會壓力占有很大的因素，但具體病因尚不明確。

　　能夠確定的是，大多數的心理疾病，是因為腦神經產生異常，神經傳導物質的功效變差，因此無法思考與想像，或是形成開心、不愉快的情緒。他們容易一整天鬱鬱寡歡，甚至突然生起氣來。一旦大腦有異常，不僅心理上，身體也會感到不適。若自我察覺到這些症狀，為求早期康復，應盡早接受專業人士的診斷。

「行為表情」讀心術，
看穿對方情緒性格

主管類型百百種，先懂「PM 理論」再出招

讀心術 01

主管分成四種類型，你的主管是哪一種呢？

雖然在第十六頁介紹了與「酸言酸語的主管」之相處方式，但不管是哪種主管，最重要的是能和平共處。了解自己主管的類型，能讓工作上的應對更順利。基本上，主管可依其領導的表現方式分成四種類型，而社會心理學家三隅二不二將此分類方式稱為「PM 理論」。

還剩一點點！這個工作結束後，就來慶功吧！

太好了！加油吧！

P ＝達成績效的能力
M ＝帶領團隊的能力
大寫表示該能力較強，小寫則較弱。

PM型：理想的主管

理想主管擁有「績效達成」與「帶領團隊」能力，部屬能發揮最大績效，成長較快，也能有良好團隊合作。遇到這種主管，可放心跟著他！

我們會再努力……

這個月沒達到業績目標啊！你們在搞什麼！

Pm型：工作至上型

達成績效能力雖高，但帶領團隊能力偏低的主管，雖可提高部門績效，但部屬之間會互相牽制，離職率也高。對這種主管不要多談工作以外的事，做到「報告、聯絡、商量」即可。

PM 理論是依照以下兩種機能將主管分類——為了團隊達成目標而推動部屬的「P 機能」，以及為了安定團隊而為部屬著想的「M 機能」。P 機能較強的主管是「工作至上」，而能在 P 機能與 M 機能取得平衡的則是「理想的主管」。另外，M 機能較強的是重視和諧的「和平主義」，P 與 M 都偏弱的則是失職的主管，你的主管又是哪種類型呢？

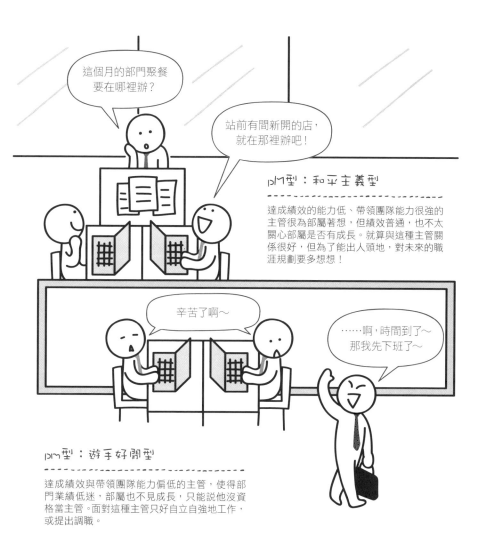

這個月的部門聚餐要在哪裡辦？

站前有間新開的店，就在那裡辦吧！

pM型：和平主義型

達成績效的能力低、帶領團隊能力很強的主管很為部屬著想，但績效普通，也不太關心部屬是否有成長。就算與這種主管關係很好，但為了能出人頭地，對未來的職涯規劃要多想想！

辛苦了啊～

……啊，時間到了～那我先下班了～

pm型：遊手好閒型

達成績效與帶領團隊能力偏低的主管，使得部門業績低迷，部屬也不見成長，只能說他沒資格當主管。面對這種主管只好自立自強地工作，或提出調職。

成功者特質？
四項問題能看出

四個問題可知你是事業易成功，還是能構築圓滿家庭的人。

事業成功的人，會符合以下四項中的其中三項：①受到他人幫助，會立刻想要回報；②給予他人幫助後，對方若是沒有回報，會感覺被利用；③共同合作進行的工作所得到的報酬，並非平均發放，而是依照貢獻程度分配；④給予他人幫助後，對方若沒有表達感謝之意，會感到不悅——你符合幾項呢？

以下的心理測驗，你符合幾項呢？

○受到幫助後，覺得一定要趕快回報。　　○曾經幫助過的對象沒有回報，會感到不悅。

○認為工作的報酬，應該依照貢獻程度分配。　　○幫助的對象沒有表示感謝，心情會很差。

符合三項以上的人，重視「交換關係」（Exchange Relationship），認為自己或他人的貢獻，必須要得到相對應的報酬。反之，則是不太要求對方回報的類型，這樣的人重視「共有關係」（Communal Relationship），雖然他們或許不是有能力的商業人士，但感情關係較能發展順利。

符合三項以上的人，重視交換關係

win　win

容易在事業上成功的類型

重視交換關係的你，有恩必報。對於自己的貢獻也會要求有相對應的報酬，所以與他人易於建構出雙贏的關係，因此這類型的人在事業上容易成功。

只符合二項以下的人，重視共有關係

家族　無償的愛

共同合作的關係

容易構築圓滿家庭的類型

重視共有關係的你，是對於事物不太在意得失的類型，雖然這樣的心態對事業可能不太有利，但在感情上較能找到相互信賴的伴侶，並構築一個理想家庭。

防備或信賴，「姿勢眼神」全表露

讀心術 03

從人的站姿，可以了解對方對你的態度是親密還是疏遠。

男性經常抱著手臂，在心理學中是緊張和警戒的表徵，或是無意識地表現抗拒的心理。若你在商務會議上看到對方抱著手臂，就能知道對方並不信任自己。另外，緊握拳頭、腳緊緊地併在一起……這些都稱為「封閉姿勢」，表示對方沒有對你敞開心胸。

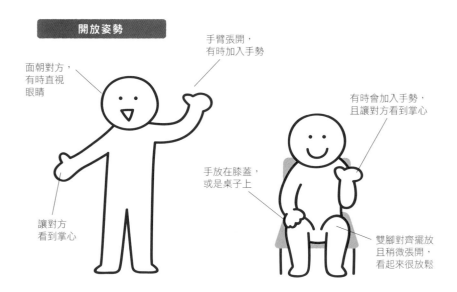

開放姿勢

面朝對方，有時直視眼睛

手臂張開，有時加入手勢

讓對方看到掌心

有時會加入手勢，且讓對方看到掌心

手放在膝蓋，或是桌子上

雙腳對齊擺放且稍微張開，看起來很放鬆

信賴對方時自然擺出的姿勢

開放姿勢是在信任對方時自然會擺出的姿勢，所以有時為了帶給對方信賴感，可以刻意擺出這種姿勢。此外，這種姿勢也是對方對自己敞開心胸的表徵。

另外，當對方的腳沒有出力，看起來很放鬆的樣子，或是手攤放在桌子上、沒有握拳而是攤開掌心……稱為「開放姿勢」。這樣的姿勢表示心情放鬆、敞開心胸並想與對方拉近距離。換句話說，若你想讓對方卸下心防的話，最好先擺出開放姿勢，營造輕鬆氣氛。

封閉姿勢

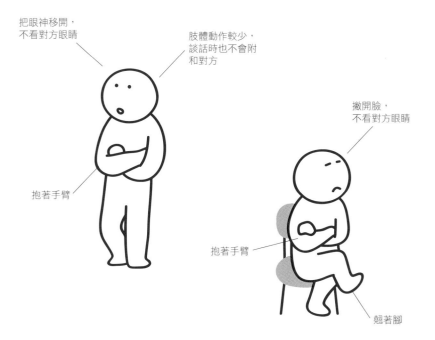

把眼神移開，
不看對方眼睛

肢體動作較少，
談話時也不會附
和對方

撇開臉，
不看對方眼睛

抱著手臂

抱著手臂

翹著腳

抱有警戒心時容易出現的姿勢

抱著手臂、翹著腳、將臉撇開為「封閉姿勢」，這是有所警戒的表現，當對出現這樣的姿勢，就代表自己還沒得到對方信任。

易怒、情緒總失控，是性格弱點難改變？

讀心術
04

有些人會把對方的行為，擅自解讀成敵意。

只是在路上或捷運裡跟人碰撞就起了糾紛，陷入爭執甚至有肢體衝突，最糟糕的是演變成殺人事件。這種情況，大多是因為將不小心的肢體碰撞，認為是對方帶有惡意，有些人會像這樣把對方的行為解讀成惡意或是敵意，在心理學中稱為「敵意歸因偏誤」（Hostile Attribution Bias）。

敵意歸因偏誤的研究

孩童的攻擊性

心理學家肯尼斯‧道奇（Kenneth A. Dodge）讓攻擊性強度不同的孩子，看到自己的積木被其他人推倒，並觀察反應。對方明顯是故意或不小心，孩子反應沒有太大差別；但無法判斷對方意圖時，攻擊性較強的孩子會對推倒積木的人有敵意。

為了消除「敵意歸因偏誤」

趁孩子還小的時候就要導正

「敵意歸因偏誤」是天生的，雖會隨著孩子長大，因社會化而減少，但在孩子一出現攻擊行為，就要向他說明對方沒有敵意，降低「敵意歸因偏誤」。

長大後還是沒有消除「敵意歸因偏誤」

改變想法，告訴自己對方不是故意的

對於對方的行為感到憤怒時，請先想想對方是否為「不小心」。如此一來，很多時候就會忘記怒氣了。

等六秒看看

只要六秒左右，人的憤怒尖峰期就會過去。這段時間稍微忍耐，可避免怒氣爆發。

「敵意歸因偏誤」較強的人，當對方毫無敵意時也會誤解成「抱有敵意」，而自己也因而產生敵意──因此會被周遭人認為是「明明什麼事也沒發生，卻容易突然生氣」的人。「敵意歸因偏誤」過強的人在認知上有所偏差，因而犯罪率也較高。自覺自己容易對他人言行懷有敵意，最好先深呼吸，並轉念成是自己想太多。

讀心術
05 體型也能看出個性？

從三種體型「肥胖、瘦長、強壯」能看出個性，你是屬於哪一種呢？

德國精神醫學家、心理學家恩斯特・克雷奇默（Ernst Kretschmer），與許多精神病患接觸後，發現人類的性格與體型之間有一定程度的關係。根據克雷奇默的研究，體型與性格可大致分成三種：①肥胖型：躁鬱性氣質——雖善於社交，但情緒較不穩定；②瘦長型：分裂性氣質——敏感且不善社交，但也有感覺遲鈍之處；③強壯型：黏著性氣質——認真且有毅力，但也很固執。

體格類型理論

擅長與人交際，但心情容易沮喪。

內向又有點神經質

認真但固執

肥胖型 ＝躁鬱性氣質

易患有躁鬱症。善於社交且溫和親切、活潑幽默，但容易沮喪與憂鬱，將自己封閉。

瘦長型 ＝分裂性氣質

易患有思覺失調症。不善社交且內向、個性很認真、易順從他人及被傷害。

強壯型 ＝黏著性氣質

容易患有癲癇的性格。頑固且守秩序、有自己的堅持，但不知變通、容易興奮也易於發怒。

克雷奇默表示「體型會決定性格」，但最近也有人對這種說法提出疑問，認為人是因為性格而有不同的生活型態，才造成各種體型。舉例來說，有個人擅長運動且有著堅持不懈的性格，才使得體格變強壯──此案例即與克雷奇默的說法相違背了。順道一提，此種體型與性格的說法，大多從「印象形成」的理論而來。

謝爾頓的體格分類法

**內胚葉型
＝內臟緊張型**

謝爾頓主張胎兒最初細胞其中三層主導人的氣質──內胚葉發達的人內臟功能較強而體型豐腴，其個性喜歡安逸且善社交，如同克雷奇默所說的肥胖型。

**外胚葉型
＝頭腦緊張型**

皮膚與神經系統較發達，有時神經過於敏感，且體質虛弱、易於疲倦，較多瘦高型屬於此類。他們不善社交且神經質，如同克雷奇默所說的瘦長型。

**中胚葉型
＝身體緊張型**

肌肉與骨頭較發達，形成強壯體格。個性活潑且喜歡冒險，也會為了抓住機會而變得有攻擊性，相當於克雷奇默所說的強壯型。

地位越高越傲慢？

讀心術
06

地位一旦提高，個性也會變得傲慢，想想看在你周遭的上位
者是什麼樣子的呢？

俗話說「稻穗越豐實，頭垂得越低」，意思是有財富與地位的人，更
要有謙虛態度。心理學家大衛・基普尼斯（David Kipnis）的實驗中，
有兩種類型管理者，一是擁有解僱部屬、調漲或調降薪水等「強大權
限」，二是只能下達基本指示，只有「微弱權限」的管理者，請他們
要求部屬須達到一定程度以上的業績目標，並觀察後續會發生什麼事。

基普尼斯的實驗

業績下滑的人，
薪水也會被調降哦！

你們工作做得好，
都是多虧我的指示！

遇到這樣的問題
請這樣處理～

下個工作
也請一樣努力～

被賦予的權限會使性格激烈改變

握有人事權限的主管，與只被允許指示工
作的主管，對他人態度明顯不同——參加
這個實驗且扮演管理職的是大學生，而部
屬為高中生，可見不論誰當上權力者，都
有墮落的可能。

賈林斯基的實驗

較難考慮到他人立場

亞當‧賈林斯基（Adam Galinsky）請受測者講述獲得權力的經驗後，請他在另一人額頭寫 E。結果受測者看到的字是正的，但對方從鏡子看卻是反的。由此可知，權力者較難考慮到他人立場。

格倫費爾德的實驗

嗯，好吧～
應該有罪！

輕率對待他人

心理學家德博拉‧格倫費爾德（Deborah Gruenfeld）調查了一千件以上的判決，發現權限越大的法官，越不會考慮到細節語氣以及因判決會產生的影響，最終做出輕率判決。

實驗結果顯示，只有微弱權限的管理者較能適當地對待部屬，並給予合理評價，也能因此得到部屬高度評價；而握有強大權限的管理者會利用減薪或解雇的權力，對部屬採取高壓態度，即使業績提升，對部屬的貢獻也不給予評價，反而說是因為自己做了良好指揮——這類型管理者在部屬間的評價最差。對於這項實驗的結果，稱之為「權力的變質」（Power Corrupts），表示地位越高的人，態度越容易傲慢。

「配對假說」，挑選伴侶的秘密法則

能成為情侶的兩人，在外觀、性格、經濟水準並無太大落差。

任何男性應該都想跟美麗的女性交往，而女性也會將「身高高・收入高・學歷高」的「三高」男性當作理想對象。但事實上，人們幾乎都會與自己相配的對象交往、結婚，即為「配對假說」（Matching Hypothesis）。也就是說，人會傾向選擇與自己相配的人成為伴侶。

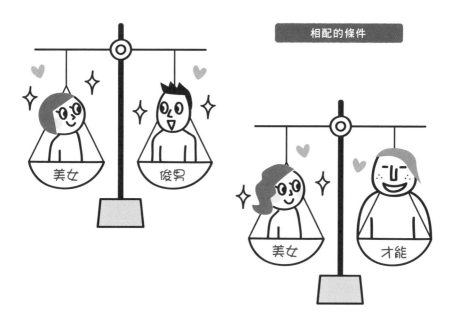

相配的條件

美女　俊男

美女　才能

外貌之外的條件匹配也可以

雖然會先從外觀上發現有「相配的現象」，但世上並非只有俊男美女的搭配與外貌同樣普通的伴侶。有些伴侶就算外表上有明顯差異，但在才能與資產等方面與對方匹配，大多也能成為伴侶。

當然，既有外觀不亮眼卻能與美女交往的男性，也有高挑的型男與年長女性結婚，這種情況大多是因為對方具備較高的經濟水準或知性。除了外貌之外，與另一半另有匹配之處，便能與對方結為連理。想與有魅力的人交往，最重要的是「提升自己，讓自己更閃耀」。

產生相配的心理

那個人完全是我的菜，但即便想辦法接近他了，好像也會被忽視……

那個長得普通的人比較令人安心！

先以對方的外表來判斷

將某位異性當作戀愛對象，考慮是否要更進一步時，會先看外表再下判斷。就算是自己心儀之人，若是外貌比自己好，容易擔心是否會被甩而不付諸行動。

依自我評價決定對象

「自我評價」並非只以自己的外貌為基準，能力與金錢等所擁有的物品也包含在內。只要有一項能與對方外貌相配的話，就能設定為戀愛對象。否則，便會改為接近與自己相配的對象。

習慣咬筆，不安感在作祟

讀心術 08

人有各種習慣，而「咬筆」這個習慣，卻有著負面的心理原因。

根據英國心理學家保羅‧克萊因（Paul Kline）的調查，有咬筆習慣的人，比沒有這種習慣的人約多出兩倍的悲觀傾向。克萊因從中發現「無事可做」或「正在思考事情」時會忍不住咬筆的人，是因為嘴巴沒有含著東西就會容易感到不安，被認為有幼兒的行為傾向，而這與幼兒會含著指頭是一樣的模式。

從習慣動作看出性格

不咬筆的人＝樂觀

咬筆的人＝悲觀

咬著東西就能感到安心

克萊因調查了有咬筆習慣的人之性格特徵，發現有此習慣的人，容易感到不安，而為了讓心情平靜，不得不咬著某些東西。

什麼樣的人處於口腔期？

你們是不是還停留在口腔期啊？

佛洛伊德

咬指甲

啃咬香菸的濾嘴

嚼口香糖

不停吃零食

one point

性心理發展

佛洛伊德將性心理發展分成五階段，從母親哺乳過程而得到快感的口腔期，而至肛門期、性器期、潛伏期、生殖期。

太晚離乳了？

有些人要咬東西才能緩解不安，有說法指出是因在口腔期太晚離乳，使得從口腔得到快感的行為產生固著現象（Fixation）。但美國職棒選手會咀嚼口香糖是專業意識，能讓他們面臨重大場面時不易緊張。

不只咬筆，習慣咬指甲與吸菸的人，也是有著幼兒特質或懷抱不安感。另外，總是神經質地搓弄衣襬的人也有相同傾向。隨著悲觀的心態減少，咬筆或咬指甲的習慣也會漸漸消失；而飽受批評的吸煙者，不僅危害健康，還被指出此行為是帶有幼兒特質，實在是很丟臉。

09 被問交往人數，男女都會謊報

被問及交往過的人數時，會誠實回答嗎？多數人似乎不會。

遺傳學家斯佩克特實際針對五十個國家，共計一萬六千人進行調查，分析男女對於戀愛的觀念差異。根據調查顯示，對人述說自己的戀愛經驗時，男性會將人數加到三倍，而女性則是降到三分之一。相對於男性想要展現自己「受歡迎」，女性則是營造「不愛玩」的形象，所以才會有這樣的結果。

被問及交往人數的時候會說謊

男性會多報人數

根據斯佩克特的調查，男性被問及交往人數時，回答的數量是實際情況的三倍。就算不是三倍，也一定比實際交往人數還多。

女性會少報人數

與男性相反，女性回答的人數，則是實際交往人數的三分之一。就算沒有少報這麼多，也會盡量壓低數量。

相對於男性的理想是一生與十八位女性交往，女性的理想則是五位，這和上述將戀愛經驗多報或少報的心理有著異曲同工之妙吧。事實上，世上的男女總數差異並不大，因此男性與女性實際交往過的人數應該不會差這麼多才對。

女性少報人數的原因

找處女留下我的遺傳因子才安心。

你是我的第一次，不用擔心。

男性有尋求處女的本能

男性為了確保自己的遺傳因子可以留下，有尋求處女的本能。為了不被男性這種本能討厭，女性會盡可能展現貞潔感。

男性多報人數的原因

妳們是我的寶貝唷～

尋求優秀的遺傳因子是女性本能

女性有著尋求優秀遺傳因子之本能，雖然判定優秀與否的方式很多，但有一種就是看對方是否被其他女性選中，因此男性會想表現出自己有許多女性追求。

10

以外貌選擇伴侶，虛榮心較強？

一個人有多在意周遭眼光，可從虛榮程度得知。

即使有程度上的差異，無論是誰皆會隨時透過與周遭的關係，確認自己的地位，而且也有不少人會以此判斷出自己認為最適當的行動。心理學家馬克・史奈德（Mark Snyder）稱之為「自我監控」（Self-Control）。俗話說的「識大體」和「白目」，就是「自我監控」在行為上表現出程度不同所造成的差異。

自我監控的高低會影響性格

八面玲瓏＝高度自我監控

自我監控偏高的人，會過度在意周遭人的評價，因而迎合他人。

我想果然還是B吧～

是A吧！

是B吧～

C才是正確的哦！

不！是C吧！

因為我比較笨拙……

固執＝低度自我監控

自我監控偏低的人，有較白目的一面。但若是擁有高決策力的人，則會被當成是專業人士的堅持。

one point

變色龍性格

史奈德將高度自我監控的人稱為「變色龍」，此理論出現在他的著作《自我監控心理學》（Public Appearances, Private Realities）。我國人民是典型的變色龍，會配合周遭隨機應變，切換溝通方式。

選擇伴侶的條件能得知自我監控程度

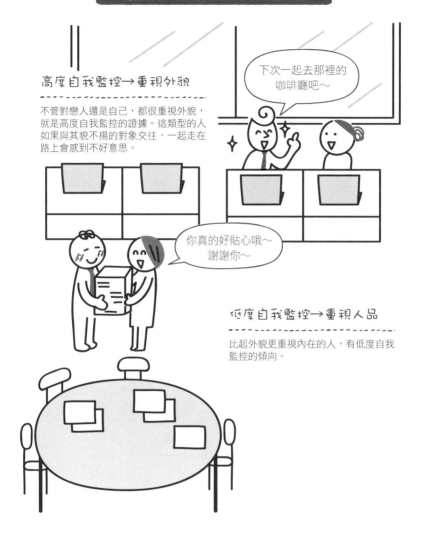

高度自我監控→重視外貌

不管對戀人還是自己，都很重視外貌，
就是高度自我監控的證據。這類型的人
如果與其貌不揚的對象交往，一起走在
路上會感到不好意思。

下次一起去那裡的
咖啡廳吧～

你真的好貼心哦～
謝謝你～

低度自我監控→重視人品

比起外貌更重視內在的人，有低度自我
監控的傾向。

　　自我監控偏高的人，容易在意外貌、頭銜、鄰居的眼光等，也就是有
虛榮的傾向。另外，在調查會選「長得美但個性很差」的女性，還是
「不是美女但個性很好」來當戀人時，這類型的人會因為在意外表與
他人評價而選擇美女；但自我監控偏低的人，會選擇個性較好之人，
這是因為他們不在意別人的評價而重視個性。

「摸臉搓膝蓋」，
焦慮緊繃的表徵

觀察對方不經意做出的舉動，可以看穿他的心理狀態。

人都有不自主的「習慣動作」，且大多能代表對方的心理狀態。在商務談判的時候，也可以從習慣動作看出對方的內心情緒。例如對方椅子坐得很前面，是緊張的證據；若坐得很後面，則表示他感到安心，但也有可能是你被對方小看了。

不安時常出現的「安撫動作」

那件事跟我沒有關係哦……

把手藏起來或觸摸脖子周遭＝
正在說謊

心中有愧而有壓力時，想盡量讓血液循環暢通，使心情鎮定下來，因而觸摸脖子周遭。

那天你去幹嘛了!?

啊……工作上有點事……

摸頭髮或摸額頭
＝感到不自在時

感到慌張或不自在時，會不自主伸手觸摸額頭。這是覺得歉疚，想改變話題的證據。

說了謊而感到愧疚的人，為了緩和緊張感，會不自覺地做出「觸摸喉嚨或嘴邊」等重要部位的「安撫行為」。在商談等場合上，對方若是不停地摸脖子或嘴巴周遭，便可懷疑對方是企圖想隱瞞某事。另外，摸下巴等動作也是為了避免說錯話而不自覺產生的慎重表現。

眨眼次數變多 或摸臉＝緊張

感到緊張而心跳加速、焦慮不安時想冷靜下來的動作，觸摸嘴唇、耳垂、頭髮也是同樣意思。

搓膝蓋＝不安

感到不安或緊張時，為了不要對外顯示出習慣動作，而在桌底下搓著膝蓋，試圖讓心情冷靜。

頻繁地喝水、鼓起臉頰深深吐氣 ＝感受到強烈壓力

感受到強烈壓力或極度緊張時，有些人會習慣鼓起臉頰，再慢慢地吐氣。

坐姿雙腳怎麼擺，性格全顯露

從雙腳擺放方式能看出不同個性，更會顯露出對方的需求。

你在什麼時候會翹腳呢？大多是在他人面前感到放鬆，或是看不起對方、想在對方面前誇大自己，才會有翹腳動作。若是在商談時感到緊張，人是不會把腳翹起來的。從雙腳擺放方式，可以看得出對方心理與社會的需求。

從雙腳的擺放方式了解個性

膝蓋打開＝對異性的愛有強烈需求

將大腿根部打開的人，對性有較為開放的傾向，與異性愛需求強度有關。

腳放在另一邊膝蓋上＝有強烈的自我表現需求

想要擁有更多空間、想展現自己的心理表現，與自我表現需求強度有關。

一般而言，**翹腳時將右腳擺在上面的人**，是對自己沒有自信、對事物較為慎重的類型，也可說是容易被對方牽著鼻子走；而翹腳時左腳在上的人，則是對自己很有自性、大膽的人。另外，會頻繁地「換腳翹腳」的人，則是情緒亢奮或是正在說謊的可能性很高，但也有很多時候是抱有好感而想吸引對方的關係。

腳緊緊靠攏的人＝秩序需求強烈

- - - - - - - - - - - - - -

總被提醒要保持正確姿勢，也相信這樣的叮囑是正確的，所以會出現此種姿勢與秩序需求強度有關。

在小腿處交叉＝養育需求強烈

- - - - - - - - - - - - - -

這種彷彿接納並包覆著什麼的姿勢，與養育需求強度有關。

併著膝蓋成八字型＝成就需求強烈

- - - - - - - - - - - - - -

能立刻起身行動的姿勢，代表著凡事都會主動處理的個性，與成就需求強度有關。

在腳踝處交叉＝屈辱、服從需求強烈

- - - - - - - - - - - - - -

此姿勢與屈辱、服從需求強度有關，從而顯現出「鄙視自己而想被責罵、被支配」的需求。

讀心術 13

面對心儀對象，
男性食量變大，為什麼？

約會時，從對方食量多寡，能看出對你是否有好感。

心理學家帕特里夏・普利納與薛麗・柴肯（Patricia Pliner & Shelly Chaiken）於一九九〇年做了一項實驗，隨機找來受測者，每兩人一組，讓他們蘇打餅吃到飽。組別裡的兩人皆為女性時，都吃了相近數量的蘇打餅；但組別裡其中一人為男性的時候，女性所吃的數量有了變化，特別是對方別具魅力時，吃的數量會驟減。

普利納與柴肯的「蘇打餅吃到飽」實驗

請和不認識的人一起吃蘇打餅，吃到飽為止！

了解！

在充滿魅力的女性面前

15片

在魅力不足的女性面前

14片

在充滿魅力的男性面前

5片

在魅力不足的男性面前

13片

在充滿魅力的男性面前，食量會減少

將一起吃蘇打餅的對象分成左圖四種，結果女性在充滿魅力男性面前吃得很少。另外，也在男性身上進行相同實驗，但他們在充滿魅力的女性面前吃最多，這是因為想表現男子氣概。

「希望在對方眼裡自己看起來像某種樣子」，而設法控制自己的形象——在心理學稱作「自我呈現」（Self Presentation），如同「在他人面前吃多少蘇打餅」也是「自我呈現」的一種。在充滿魅力的男性面前，女性會有「希望看起來像食量少的女人」之心理作用，所以吃的蘇打餅數量會偏少；而男性則是在充滿魅力的女性面前吃得較多，藉此突顯男子氣概。

各種自我呈現

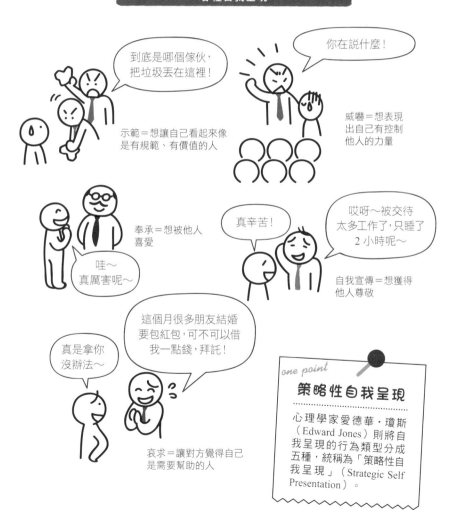

到底是哪個傢伙，把垃圾丟在這裡！

示範＝想讓自己看起來像是有規範、有價值的人

你在說什麼！

威嚇＝想表現出自己有控制他人的力量

奉承＝想被他人喜愛

哇～真厲害呢～

真辛苦！

哎呀～被交待太多工作了，只睡了2小時呢～

自我宣傳＝想獲得他人尊敬

這個月很多朋友結婚要包紅包，可不可以借我一點錢，拜託！

真是拿你沒辦法～

哀求＝讓對方覺得自己是需要幫助的人

one point

策略性自我呈現

心理學家愛德華・瓊斯（Edward Jones）則將自我呈現的行為類型分成五種，統稱為「策略性自我呈現」（Strategic Self Presentation）。

讀心術 14

一見鍾情的情侶，反而感情更長久？

情不自禁地盯著異性看，很可能是早已一見鍾情的緣故。

在美國曾針對一千五百人進行電話調查，詢問是否相信「一見鍾情」，有 60％的人表示「相信」，且這些人當中有 60％的人曾有過一見鍾情的經驗。此外，在離婚率高達 50％的美國，與一見鍾情對象結婚的夫婦，竟然離婚率只有 15％，很明顯地離婚率偏低。

一見鍾情的三種理由

行李很重吧～我幫妳拿～

咦，他好溫柔喔～真意外～仔細一看其實長很帥嘛～

哎呀，真是令人感到安心的一張臉……

因錯覺而墜入愛河

臉或身體某個部位、部分個性接近自己的喜好，而有「自己喜歡對方全部」的錯覺，因此一見鍾情。

因親切感而墜入愛河

相貌長得相像而有親切感，會因此立刻墜入愛河。

這個味道～不知道為什麼令人心跳加速！

呦，妳好啊～

我聞我聞～

因為遺傳因子而墜入愛河

想取得與自己不同的遺傳因子，讓自己的子孫更加強健，因為這種生物的本能而墜入戀情。有研究資料顯示，特別是女性能透過聞對方的味道分辨遺傳因子。

男性一見鍾情所需時間

平均 8.2 秒

學歷越高，
一見鍾情的比例越高

根據心理學家喬恩・馬納（Jon Manner）的實驗，男性會盯著有好感女性較長時間，平均為 8.2 秒，只要盯著看這麼一段時間就會墜入愛河。另外，學歷越高，一見鍾情比例越高。

男女的差異

是否有一見鍾情，關注女性
視線方向無法得知

與只看外表就會愛上對方的男性不同，女性傾向實際交談、了解人品後才會墜入戀情。女性也不好意思面對太帥的男性，所以只看視線方向是無法得知她有沒有一見鍾情。

一見鍾情而交往的情侶，會比較長久

美國的離婚率　　一見鍾情的夫妻離婚率

50%

15%

離婚率驟減

根據美國的調查，與一見鍾情對象交往的情侶，走向婚姻有 55％，離婚率是 15％，與一般認為一見鍾情不會長久的印象相反，比美國平均離婚率 50％要低很多。

對於在意的對象，明明不了解對方的內在與個性，卻還是情不自禁地盯著他看。相互了解後，發現對方與自己想像中不一樣，卻又不會因此不喜歡對方——因為直覺發展出的好感，會意外地持久。一見鍾情而陷入戀情後結婚，且沒有離婚，一生就這樣相伴相隨，實在是件美好的事。而針對這種與心理學相關的行為，今後還有很多研究空間。

無法接受讚美，「沒自信」是原因

讀心術 15

被稱讚應該都會開心，但有些人卻不會，為什麼呢？

缺乏自信的人，「自我評價」較低，因為對自己有高度評價的人，做任何事都很積極，而自我評價較低的人則偏向消極態度，會因小事就大受打擊，並對自己所做的事感到後悔。另外，「自我評價高」的人，會喜歡給自己正面評價之人，而「自我評價低」的人卻喜歡給自己負面評價之人，這就是「認知一致性」（Cognitive Consistency）。

與自我評價相距甚遠時

是……

這份文件沒有錯誤的地方，做得很好！

這不管是誰，都做得到啊～

應該是只有這點可以拿出來講～我好無能！

我只能做這種芝麻蒜皮的工作啊……

被稱讚也不會開心

人會盡量將自己的認知接近他人的認知，也就是所謂的「認知一致性」。當彼此的認知相距甚遠時，便會感到不安或不開心，因此對自我評價偏低的人，被斥責的時候反而才能安心。

對自我評價較低的人，無法坦率地接受讚美的話，反倒覺得給自己負面評價的人「很了解自己」而感到安心。自覺自己有這種傾向的人，最重要的是對於事物要正面思考。此外，被他人批評，甚至是怒罵時會感到安心的人，被「洗腦」的可能性很高，須多加注意。

認知平衡理論

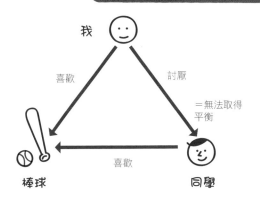

不允許失去平衡

弗里茨·海德的理論中，將自己、他人、事物各自關係以正或負表示，並將三個關係相乘後若為「正」，表示認知平衡；相乘結果為「負」則無法平衡。以左圖為例，是「我」與「同學」都喜歡「棒球」，而「我」討厭「同學」。為了取得平衡，某一邊的關係會改變（討厭同學喜歡的棒球，或喜歡上喜愛棒球的同學）。

認知失調理論

我會抽菸

雖然想要健康的身體，但香菸對健康有害

認知產生矛盾。

設法把矛盾產生的煩躁感消除

但也有其他東西有害健康，而且把菸戒掉的話就無法消除工作壓力。所以～沒有戒菸的必要吧！

當人心中對於兩種有相互關聯的認知產生矛盾時，會感到煩躁。為了消除這種感覺，會衍生出新的認知，或是改變自己的行為（以左邊例子來說就是「戒菸」）。

16

老愛怪東怪西？
「歸因偏差」的心理

有人總會認為：「好都是自己好，錯都是別人的錯」。

當某件事情發生時，你會認為是誰引起的呢？在「歸因理論」（Attribution Theory）中，認為原因來自他人或環境等外部因素時，稱作「外在歸因」（External Attribution），而覺得原因出自於自己則是「內在歸因」（Internal Attribution）。此外，有些人會無法冷靜分析其原因，當事情發展順利時會歸功於自己，不順時卻怪罪他人，這種傾向稱為「歸因偏差」（Biases in Attribution）。

行動者或觀察者效應

可惡～踩到口香糖了！

明明是自己不注意還馬上發火，在旁邊看都覺得煩躁！

別人是活該，但自己是被環境所害

這個例子中，害男性踩到口香糖的是把口香糖吐在路上的人，但女性卻沒有想到這點，還把自己煩躁的原因，歸咎於他人。

基本歸因謬誤

人會窮，都是因為自己不夠努力的關係！

是啊～

過度歸因於個人

某個人會陷入貧窮，有一定程度的原因是家庭狀況，或是周遭環境所致，但是上圖的兩人卻沒有考慮到這點，只把原因歸諸於個人的責任，而這種「歸因偏差」，也會發生在你身上。

「歸因偏差」有多種行為模式——最常見的是很多人會認為「別人的行為，是當事人的責任」，自己的行為則歸咎於環境的「行動者或觀察者效應」（Actor-Observer Effect）；另外，就算有外在環境因素的影響，卻把所有事歸咎於個人的「基本歸因謬誤」（Fundamental Attribution Error）；還有自己發生好事時歸功於自己，而壞事卻歸咎於他人的「自顧偏差」（Self-Serving Bias）。

自顧偏差

今天會輸是因為你的失誤！昨天多虧我守住不讓對方得分才贏的……

今天明明是你丟的球被打到的啊，而且昨天有得分的可是我耶……

成功是因為自己，失敗是別人的錯

發生好事時會歸功於自己，但壞事卻歸咎於他人。總之，人會以對自己有利的方式看待事物。

控制的錯覺

我一去看比賽就會輸，所以不能去觀賽～

才沒有這種事呢～

即使是偶然，也誤以為自己能控制

不管在哪買彩券或誰買，中獎率都一樣。但去曾開出頭獎的店家買，或覺得自己買才會中，是因有「控制的錯覺」（Illusion of Control）。自己能影響比賽輸贏或雨男、雨女等，連氣候都歸因於自己，也是因此種心理。

過度的責任歸因

會被性騷擾，自己也有問題啊～

才不是這樣呢！

認定對方的責任比實際該有的責任還重

有人會說些檢討被害者的話：「會被性騷擾，是自己的穿著所造成」；更有人認為手術失敗是醫療疏失；災情嚴重是政府處理不當，認定對方的責任，比實際該有的還重——即是過度責任歸因。

讀心術

17

厭世沒動力？
「心理感冒」的症狀

「憂鬱症」的徵兆是什麼？而最近「非定型憂鬱症」的人也增加了。

憂鬱症經常被說是「心理感冒」，但有些卻是會演變成自殺等的嚴重疾病。其中有個近年備受關注的「新型憂鬱症」（此為報章雜誌等媒體所用的詞，並非心理學用語），在心理學的領域稱之為「非定型憂鬱症」。

憂鬱症與新型憂鬱症的差異

常見患者

憂鬱症 ····▶

・認真
・中規中矩
・較多中年男性

症狀

・沒有幹勁與興致
・容易自責
・整天一直發愣

新型憂鬱症 ····▶

・成熟
・在意他人眼光
・較多女性

討厭～

・面對喜歡的事物會很積極
・對討厭的事無法集中精神、感到煩躁
・傾向怪罪於他人或環境

憂鬱症最大的特徵是對凡事都沒有幹勁，而新型憂鬱症卻不一樣，像是去上班等做這種「自己討厭的事」時，有時會有症狀出現，但反過來「做自己喜歡的事」時又很有精神。此外，遇到問題時，會立刻歸咎於他人也是這種病症的特徵之一，所以周遭的人只會經常覺得當事人是在耍任性或偷懶，這是個痛苦無法得到周遭人理解、難以處理的疾病。

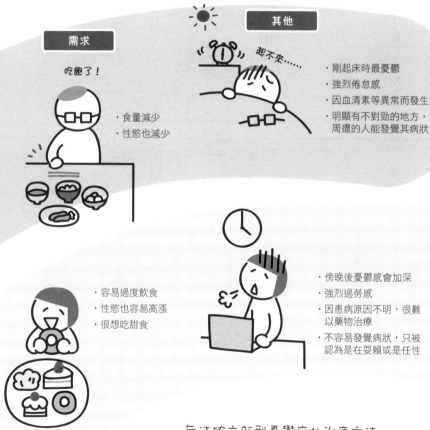

需求

吃飽了！

・食量減少
・性慾也減少

其他

起不來……

・剛起床時最憂鬱
・強烈倦怠感
・因血清素等異常而發生
・明顯有不對勁的地方，周遭的人能發覺其病狀

・容易過度飲食
・性慾也容易高漲
・很想吃甜食

・傍晚後憂鬱感會加深
・強烈過勞感
・因患病原因不明，很難以藥物治療
・不容易發覺病狀，只被認為是在要賴或是任性

無法確立新型憂鬱症的治療方法

憂鬱症隨著研究的進行，已開發出抗憂鬱藥等，但新型憂鬱症的治療方法仍尚未確立。抗憂鬱藥也經常無法發揮效果，只能進行飲食治療或生活改善。

愛找藉口的人，在想什麼？

不正面接受自己的情感與需求，這種心理有各種表現方式。

自己的需求沒有獲得滿足時，人會不自覺地想辦法消除壓力，這種心理作用稱為「防衛機制」（Defense Mechanisms）。防衛機制是當自己的需求不被滿足而感到不舒服時，會保護自己的心理機能。伊索寓言裡那隻吃不到葡萄反說葡萄酸的狐狸，就是其中一個有名的例子。

各種防衛機制

他外遇了？
一定是我多心了……

否認

為了避開「不舒服的感覺或想法」而設法忘記。

他有外遇過嗎？

壓抑

比否認還要強烈，無意識的壓抑而變成遺忘。

蛋白質與碳水化合物是最適合人類的營養素，所以吃了也沒辦法～

理智化

無法坦率地接受情感與需求，利用專業術語與理論解釋成觀念，與情緒切割。

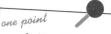

行為化

以問題行為設法消除被壓抑的衝突與糾結等。有自殘行為、自殺、謾罵、酗酒等行為。

轉化

被壓抑的衝突與內心矛盾等，會以感覺喪失等症狀顯露出來，如失語症、身體機能遲鈍、視野狹窄等。

合理化

對於無法滿足的需求，會設法找到合理的理由讓自己接受，伊索寓言中「酸葡萄」的故事就是有名例子。

防衛機制有各種表現方式，其中有一項即是「找藉口」——利用許多專業術語，將簡單的事情也故意講得好像很難，稱為「理智化」（Intellectualization）。這種人無法正面接受自己的情感與需求，而不自覺地逃避到理智的世界來保護自己，這也是為了在人前彰顯自己的知識與能力的表現。

「蘿莉控」的心理特徵

讀心術

19

容易沉迷於美少女偶像或動漫人物的人，有其共同的特徵存在。

似乎有許多人對所謂的「蘿莉控」（Lolita Complex）有著「變態」、「有病」的印象。但是，蘿莉控並非是疾病，而「戀童障礙」（Pedophilic Disorder）才是一種精神障礙，指的是成年人有想與未滿十二歲的孩童性交之念頭。戀童障礙與「成年男性將未成年女性當作愛戀對象」的蘿莉控是不一樣的。

蘿莉控是病？

「蘿莉控」與在精神醫學中被定義為疾病的「戀童障礙」，有點像又不太像。

蘿莉控 ≠ 戀童障礙

蘿莉控一詞是從小說《蘿莉塔》（Lolita）而來，意指男性對年紀有一段差距的少女抱有戀愛情懷或性慾，但除此之外的定義較為曖昧不清。

戀童障礙則由美國精神醫學會詳細定義為「對未滿十二歲的少女反覆持續六個月以上的性幻想、性衝動、性行為」。

蘿莉控並非是病

以一般的情況來看，不能斷定蘿莉控＝疾病，但這是以美國精神醫學會的基準為前提。而美國與他國的年齡與成熟度並不相同，所以美國的基準並不是絕對正確的。另外，就算不是疾病也有可能會觸法，所以不管是哪一種，都是不被社會容許的。

但是，容易成為蘿莉控的男性有特定的心理傾向——①「想回到孩童時候」，也就是心理學所稱的「退化作用」（Regression）；②對成熟女性感到恐懼與膽怯；③想藉由少女補足自己失去的年輕活力；④抗拒成為大人；⑤對自己失去性能力與魅力感到「不安」——容易成為蘿莉控的男性大多懷有不安定的心理。

蘿莉控男性的特徵

有蘿莉控傾向的男性，會有以下特徵。

①退化作用	因渴望回到小時候，言行舉止顯得幼稚。	那你有證據嗎！
②對成熟女性的恐懼	對成熟女性感到恐懼與膽怯；面對少女則覺得安心，進而對少女抱有好感。	只有妳是我的同伴……
③對年輕的渴望	對純潔的心靈與年輕的肉體有強烈的渴望。	心靈好純潔啊～
④抗拒成為大人的自己	認定大人很骯髒齷齪，討厭自己也變成那樣，而與孩童產生同感。	大人好骯髒齷齪！
⑤對老化的不安	對自己逐漸失去男性魅力而感到不安，想對年輕女性彰顯出性的吸引力。	想受到高中女生歡迎

喜歡年輕女性是常有的事

因為有生殖本能，男性普遍會喜歡生命力較強的年輕女性。但若是對於「年輕的渴望」或是對「老化的不安」過於強烈，便會將過於幼小的女生當作性對象。有這種傾向的人，最好重新審視自己的性嗜好。

讀心術
20

偏愛哪種顏色與性格有關

衣服與一些小東西都選擇自己喜歡的顏色，而從顏色能看出個性。

你所擁有的衣服或常穿的衣服顏色，大多是自己決定的吧。一般來說，人會常穿自己喜歡顏色的衣服，而喜愛的顏色也會顯露出人的個性。人會根據顏色所代表的印象，喜歡上與自己性格相符的特定顏色，例如紅色表示熱情、藍色是穩重、綠色代表調和感等。

好，來玩丟球吧！

等一下要不要去卡拉 OK？

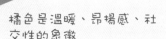

橘色是溫暖、昂揚感、社交性的象徵

喜歡這個顏色的人大多活潑外向，但也有討厭孤獨、害怕寂寞的一面。這是很有親切感的顏色，常被用在餐廳配色。

操縱「給對方的印象」

顏色代表的印象，不僅反映出個性，也能操縱自己給他人印象。例如川普在演講時戴著紅色領帶，是因為想表現出自己熱情且有領導能力。另外，謝罪時選擇穩重且雅緻的灰色西裝，也能讓對方不會太激動。

紅色是活力、熱情、興奮的象徵

紅色象徵強烈能量，所以喜愛穿紅色的人會充滿幹勁或想彰顯自己；打紅領帶之人則想表現出領導力。

黑色是孤立、反骨精神、權感的象徵

雖有潛在的負面印象，但有渾厚與高級感，所以也象徵著權威。黑色還能突顯其他顏色，較容易運用在服裝搭配。喜歡黑色的人，有反骨精神、自信過剩、獨立心強等傾向。

藍色是冷靜、集中力、爽朗的象徵

讓人聯想到水、海、天空等爽朗景色，所以很多人喜愛藍色。藍色能平靜身心，想提高注意力或安撫激動情緒時穿著藍色，很有效果。

灰色是穩重、協調性、柔軟性的象徵

沉穩的灰色，低調又雅緻，能表現出低姿態。雖然象徵著協調性與柔軟性，但喜歡這個顏色的人有優柔寡斷、不喜鬥爭，防禦本能強等特徵。

綠色是調和感、安定感、努力的象徵

有調整身心平衡的放鬆效果。喜歡綠色的人是和平主義、人際關係能掌控得好、會腳踏實地努力工作，但很保守與自我中心。

只要能善用顏色帶給人的印象，就能操縱心理。例如在醫院，不僅醫護人員身穿白衣，各處都使用了白色，這是因為白色能帶給人清潔感；而穿喪服則是因為黑色能表示嚴肅；女性的衣服有許多粉色系，也是因為這樣能符合女性形象。

與大腦連動的「眼神動向」，直達內心世界

想事情的時候，你的視線可能已透露出心中想法。

俗話說：「眼比嘴更會說」，人的眼神動向精準地反映了心理動向。談論到或是看到有興趣的東西時，眼睛會閃閃發光，是因為瞳孔打開的關係。另外，「眼神飄移」等視線轉來轉去的狀態，則表示強烈的緊張與不安；而明明不熟但卻緊盯著人看時，是設法想要控制他人的表徵。

與大腦連動的眼神動向＝眼睛解讀線索

往上移動

腦內與視覺連結。想像或是回憶過去的記憶狀態。

左右（水平）移動

腦內與聽覺連結。注意聽聲音或回憶曾聽過的印象。

往下移動

腦內與身體感覺連結。感覺身體的違和感，或回憶過去所體驗過的感覺。

視線動向也代表著不同含義，往右上是在思考新事物，左上則較多是在回想過去。例如被問「昨天在做什麼？」時，如果人的視線朝向右上，說不定是在說謊或隨便亂說。順帶一提，笑的時候通常是嘴巴先動，眼睛再動，但若是嘴巴與眼睛同時動了，有可能是在假笑。

從上下左右六種模式了解心理

往右上看

想像未來的景象時眼睛會朝右上。另外，以邏輯角度看待事物的人多會往右上，這類型似乎多為「理組」。

往左上看

回憶過去的記憶與體驗時，會往左上看。另外，以直覺看待事物的人多會往左上看，能說是藝術家的類型。

往右邊看

聽到沒聽過的聲音，正在想像。

往左邊看

正在從聲音與語調回想對話的記憶。

往右下看

意識到身體的變化與感覺。回憶情感與體驗時，會往右下看。

往左下看

在腦中與自己對話，或自言自語時會往左下看。

讀心術
22

哪款人易外遇？
何種個性易被劈腿？

據說「大部分男人都很花心」，是否有看穿他們的辦法？

在美國進行的調查顯示，容易外遇的人多有以下三種性格特點：①自戀、②較無誠信與良心、③性格衝動。自戀的人過於以自我為中心，沒有考慮到伴侶的心情而行動，是最容易外遇的類型。但不管是哪一種，都會對伴侶以外的異性心動，且立刻付諸行動。

容易外遇的人

自戀

對自己有絕對自信，思考所有事情時都以自我為中心，所以會毫無罪惡感的外遇。但是，女性卻有喜歡自戀的男性之傾向。

就說昨天是因為工作才遲到的～

較無誠信與良心

常說謊、為他人帶來麻煩也毫不自覺的人，當然外遇時也不會良心不安。

有我想要的遊戲耶！雖然這個月手頭有點緊，還是要買～

10000

性格衝動的人

無法忍受誘惑而有衝動行為的人，無法以理性抑制，有機會就會外遇。

容易被劈腿的人

真是的!為什麼
你會這樣!?

情緒不穩的人

會立刻生氣或突然哭泣等情緒不穩的人,會讓伴侶感到疲倦。而為了尋求慰藉,伴侶似乎容易劈腿。

唇印?
應該是捷運太擠,
不小心沾到的~
好辛苦啊~

個性單純的人

不會懷疑伴侶的人,察覺另一半有奇怪行為與找到證據時也不會有危機感,等到發現時早已被劈腿。

平常真是
辛苦你了~

對伴侶過於寬容的人

只要是伴侶的願望都會答應的人,會讓伴侶過於驕縱。因為不管做什麼都會被原諒,導致對方因而劈腿。

另一方面,也有調查容易被劈腿的人之類型。根據結果顯示,有以下三種性格特點──①情緒不穩;②個性單純;③對伴侶過於寬容。像是情緒不穩的人有喜怒哀樂過於激烈的傾向,讓伴侶無法平靜而走向外遇。自覺是這二種類型的人,最好審視自己與伴侶的相處模式。

越喊越親密的「姓名呼喚效應」

讀心術 23

呼喚伴侶的方式，代表著情侶之間的關係。

如果你現在有戀人，想想看對方是怎麼喚你的呢？是直接叫名字，還是有加個「小」字或是暱稱？也有不叫名字而只會互喊對方「喂」或「欸」的情侶。根據美國心理學家金博士所進行的調查，不會互喚對方名字的情侶較不容易長久。

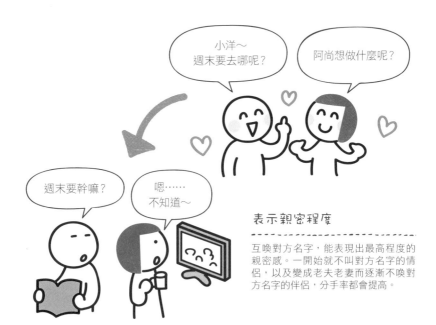

漸漸不喚對方名字的情侶

小洋～
週末要去哪呢？

阿尚想做什麼呢？

週末要幹嘛？

嗯……
不知道～

表示親密程度

互喚對方名字，能表現出最高程度的親密感。一開始就不叫對方名字的情侶，以及變成老夫老妻而逐漸不喚對方名字的伴侶，分手率都會提高。

金博士調查了五十五組情侶，而其中互相不叫對方名字的情侶，在調查過後五個月內，有 86％ 的人分手了。呼喚對方名字，是表現親暱與愛情裡的重要手段，如果男友只會叫妳「喂」、「欸」，那是兩人關係可能無法長久的徵兆。

對於工作場合也很重要

聽説高木先生相當優秀呢〜

您竟然知道我的事情〜太令人開心了！

one point
姓名呼喚效應

人對於自己的名字，會不自覺地抱有好感。透過重複叫出對方的名字，能傳達對他名字的好感，也能提升好感度與親近感。

對任何人都有效

喊出對方名字，對戀人、家人，甚至毫無關係的人都能提高親近度，對方會覺得被認同而提升好感度，這個心理技巧為「姓名呼喚效應」。

喜歡自己名字裡的文字或出生日期的數字

有時候會突然想吃甜圈圈〜

我喜歡有 3 的數字〜

名字：芊甜

生日是 3 月 23 日

one point
姓名字母效應

人會對自己名字抱有好感，對名字裡的字也會有同樣感覺。選擇商品時，會選有自己名字在內的；也會對出生日期中的數字有好感，即是「姓名字母效應」（Name-Letter Effect）。

人際距離，如何拿捏？

讀心術 24

你是否會在意與人之間的距離感呢？隨著與對方的關係，可接受的距離會改變。

無論是誰，在擁擠的捷運車廂與不認識的人緊貼著，都會覺得不舒服且有壓力；即便在空蕩蕩的車廂，也會選擇距離其他乘客比較遠的位子。對人類來說，有一個環繞在自己身體周圍的空間，當他人踏進時會感到不適，即為「個人空間」（Personal Space）。在擠滿人的捷運或人群中會感到壓力，是因為個人空間被侵入的關係。

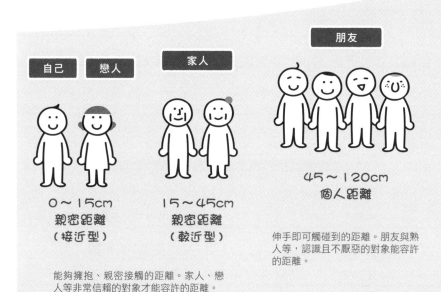

自己　戀人

0～15cm
親密距離
（接近型）

能夠擁抱、親密接觸的距離。家人、戀人等非常信賴的對象才能容許的距離。

家人

15～45cm
親密距離
（較近型）

朋友

45～120cm
個人距離

伸手即可觸碰到的距離。朋友與熟人等，認識且不厭惡的對象能容許的距離。

初次見面

1.2～3.5m
社交距離

較難有肢體觸碰，但可以對話的距離。
與初次見面的對象商談等社交場合需有
的距離感。

觀眾

3.5～7m
公眾距離

能看到臉的距離，像是演講者與觀眾之
間，或是面試場合也會隔著這種程度的
距離。

當他人太靠近自己個人空間時的處理方法

有人想要接近你，而故意踏進你的個人空
間。對於這種人，最好不經意地拉開距離，
表現出不舒服的感覺。另外，個人空間狹
窄的人，會不自覺地拉近與人距離，此時
你要誇張地表示厭惡，明確地抗拒。

個人空間是依據與對方的關係來決定能容許的距離，每個人的個人空
間都不同，也會隨著面對的對象而改變。例如，內向的人個人空間較
大；或是無法保有個人空間時，女性感受到的壓力更甚於男性。與戀
人親密接觸是很自然的行為，但若感受到不相識之人的體味與氣息，
任誰都會感到極度不舒服。

頭銜、身高會改變評價？

讀心術 25

你是否曾詢問對方實際身高後，發現與自己印象中完全不同？目測的身高，其實與評價有關。

澳洲的心理學家威爾森曾進行一項實驗，在大學課堂上向學生介紹某位人物——介紹這個人是「劍橋大學學生」時，眾人不僅對他評價較低，推測出的身高也比實際要來得矮；但變換頭銜，說他是「劍橋大學教授」時，學生們對人物的評價與身高的推測都提高了。

因頭銜而改變對身高的印象

他是從劍橋大學來的哦～

請多指教～

教授

你覺得他多高呢？

184 左右吧～

他是從劍橋大學來的哦～

請多指教～

學生

你覺得他多高呢？

大概 177 而已吧～？

權威與身高的關係

聽到對方是社長或是教授等較有權威的頭銜，不僅會有優秀的印象，連對外觀的印象都會改變。除了長相等主觀評價會改變，也會推測出比實際身高還要來得高的數字。

透過這個實驗，可以了解到「頭銜越高，會讓人的能力與身高看起來比實際更高」。在名片印上自己的頭銜或經歷，便能對初次見面的人做出有利的宣傳。就算別人不瞭解你頭銜背後的實際狀況，若能給人「好厲害」、「很強」的印象，對方也會大大高估你的能力或身高。

高個兒較能出人頭地

身高在職場上的優勢

美國與日本曾進行關於身高與年薪的調查，發現身高越高的人，年薪越高。其中每一公分有 1.5% 的差距。此外，當面對有同樣經歷、技能的面試者，大部分的面試官會選擇身高較高的人。

總統也是高個子

我 188 公分喔！

名人的案例

美國總統選舉，有 74% 是身高較高的人獲選，而比美國成年男性平均身高還矮的候選人，自一百年前的威廉・麥金萊後就沒人當選過——由此也能了解到身高對於出人頭地是很重要的。

抬頭挺胸也會獲得高評價

挺直

讓自己看起來更高大

姿勢端正的人能受到好評，這也是抬頭挺胸時讓身高看起來更高的緣故。僅僅幾公分的差距，評價也會因此提高。

讀心術 26

身體「前傾靠近」，好感度極高

與喜歡或在意的人說話時，會不自覺地將身體靠過去。

某人是否對你感興趣，可從他「聽你講話的姿勢」得知——若是面對感興趣的對象，會不自覺將身體靠過去，聽得津津有味；如果是不感興趣之人，任誰都會左耳聽右耳出。這種自然而然地將視線與身體朝向喜歡或有好感的對象之現象，心理學稱為「書擋效應」。

隔著桌子面對面坐著，會讓人提高警覺

聚餐時若有你在意的異性，不要坐在他的正面，因為面對面會讓人提高警戒，且隔著桌子，彼此距離較遠，較難變得親近。雖然兩人的位置從旁看起來像兩片書擋，看似能有書擋效應，但其實並無此效果。

肚子餓了，去吃個飯好

女性的肩膀

女性會想在心儀男性面前擺出良好姿勢，而讓肩膀呈現平行；面對難應付的對象則盡可能拉開距離，因而抬起肩膀。

在乎與否，從腳尖看出

就算看不出來是否產生書擋效應，也可以從腳尖看出有無好感。當腳尖對著對方代表有好感，相反則表示不在乎，或覺得無聊。

男性的肩膀

在心儀女性面前，會放下肩膀；面對難對付的對象，為了不讓對方看出弱點而會擺起架勢，將肩膀平行。

書擋效應

書擋能支撐書籍平穩站立，而使用時書籍會成「八」字型傾倒，所以用來稱呼戀人面對面的模樣。對對方抱有好感時，自然會做出這種姿勢，特別在男性身上更容易看到。

腳尖方向洩露好感度

男性會將身體整個傾向心儀女性，當然指尖也會朝向對方。

等等要去哪裡嗎？

談話對象看著你的臉，說話時眼神也直視著——這是對方對你抱有好感與興趣的證據。坐在旁邊時，對方的肩膀與頭向你傾斜，可以說是他對你的好感度極高；倘若對方不太看你的眼睛，或坐著時保持一定距離，只能說是「不來電」了。

對你厭惡或喜歡？大腦直覺反應的「微表情」

讀心術 27

皺眉頭是厭惡時的反應，人的臉部反應會因喜好而變化。

美國心理學家約翰・卡喬波（John T.Cacioppo）主張人還未自覺對事物是「喜歡」或「厭惡」之前，大腦會瞬間產生反應。卡喬波利用腦波圖（EEG）的特殊腦波設計進行實驗，發現腦中掌管自我認知與意象的區域「角回」（Angular Gyrus），在看到對方樣貌時會瞬間產生反應，並根據過往訊息判斷是「喜歡」或「討厭」，並表露於臉上。

卡喬波的實驗

看到討厭的照片會皺眉頭

看到討厭或令人不舒服的事物時，眉毛之間的皺眉肌會有所變化。如果對方在見到你的瞬間，就算沒有皺緊眉頭，只是眉間動了一下，也有討厭你的可能性。

看到喜歡的照片臉頰會放鬆

看到喜歡或令人愉悅的事物時，顴肌會有變化，也就是會露出開心表情。不管再怎麼裝得面無表情，肌肉還是會產生變化，要完全藏著表情很困難。

one point

六種基本表情

心理學家保羅・艾克曼（Paul Ekman）曾調查作為人類普遍的溝通手段，任何民族皆通用且與情感一致的表情，結果顯示有「憤怒」、「厭惡」、「恐懼」、「快樂」、「悲傷」、「驚訝」等六種表情。

根據卡喬波的實驗，人類看到喜歡的事物時會拉動「顴肌」，變成開心的表情；而看見討厭的則是拉動「皺眉肌」，成了厭惡的表情。角回區在看到對方的瞬間即有反應，而在無意識之下形成表情。如果對方在見到你的瞬間，眉間動了一下，很遺憾地，對方可能不太喜歡你；反過來若是臉頰表情緩和了，可以推測是「抱有好感」。

眨眼次數多表示緊張

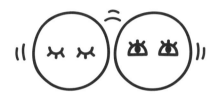

從眨眼次數看出情緒

人在普通狀態下，大約是十秒眨一次眼（一分鐘約眨眼六～八次），但在感受到強烈壓力時，會因慌張而增加眨眼次數。

看穿假笑的方式

微笑

微笑

注意表情消失的瞬間

表情有「開始」、「持續」、「消失」等三種時間。想讀懂別人的表情，必須注意這些時間點，而「消失的時間」是最難掌握的——原本帶著笑容卻突然變回正經的臉，或一直保持著大笑，都很有可能是假笑。

話說得多又急，代表什麼？

讀心術 28

你是否有一不小心說話太快的經驗呢？說話速度比平常還快，是因為不安的關係。

因為有些人對他人有所隱瞞或感到膽怯時，會變得特別多舌，所以當兩個不安程度不同的人在一起時，不安程度較強烈的人，所說的話較多。比起不安程度相同的群體，有落差的兩人之間的對話會因而活化——即是「不安感不一致＝活化模組」。

不安程度一致，無法活化對話

我都沒什麼唸書～

我不擅長這個科目，好沒信心喔～

對話內容較少

兩邊都有強烈的不安，或都很有自信的情況下，便不會主動積極地交換資訊，而較少對話。

不安程度不一致，能活化對話

有唸書嗎？

跟大家差不多吧～

會出什麼題目呢？

不是有提示範圍嗎？

不及格的話怎麼辦～

再怎麼擔心也沒用！

對話內容較多

不安程度有落差時，較不安的人會積極地交換資訊，而使對話活化——此情況即是不安感不一致＝活化模型。

煽動不安的行銷手段

利用不安感

透過煽動對方的不安，提高資訊交換的動機，增加客人前來諮詢的機率，是行銷常見的手法。

與戀人吵架時，對他的不安表現出同感

與對方不安感同步

情侶吵架最差的狀況就是彷彿推開對方一般冷靜地應對，這會讓對方更想要抱怨。與對方的不安感同步並產生共鳴，可以減緩對方怒氣，緩和他的說話語氣。

話說得又多又快時，也許是因為感到強烈不安。視情況而言，也有可能是隱瞞著什麼或正在說謊；而商業上則會刻意煽動人們的不安，使客人前來諮詢的機會增加。另外，研究聲音與意象的心理學家阿丁頓表示，嘴快的人是代表他精力旺盛且活潑，所以外向的人較容易有嘴快的現象。

讀心術 29

以「我…」開頭說話，是對你有好感

聚餐時，說話常用「我」起頭的男性，說不定是喜歡妳。

近幾年，社會上的男性大多已成了「草食性男子」，會奮力表現的男性似乎減少許多，而這些害羞的男性們若是對妳有好感的話，要從哪裡才看得出徵兆呢？某篇在美國發表的心理學論文表示，男性在心儀對象面前，有常用第一人稱的傾向——因為第一人稱「我……」，可以彰顯自己的存在感。

常用第一人稱的男性對妳有好感

想要表現自己

男性對在意的女性，會試圖表現自己，而常用第一人稱。

不用第一人稱的男性對妳不感興趣

沒有表現自己的必要

不太使用第一人稱的男性，是覺得沒有表現自己的必要。雖然也有可能是害羞，但大多是因為對對方不感興趣。

男性和妳說話時常用第一人稱「我」，可理解成是對方正積極地對妳表現自己。還有，如果再加上身體或手部動作也很大的情況，想必是對妳有極大的好感。另外，當男性頻繁地喊妳名字時，也是一樣的道理（參考第一一六頁）。

以自己的名字當作第一人稱的女性

> 理莎喜歡這個！

幼稚的表現

有時候會遇到以自己名字稱呼自己的女性，這是因為孩童時的習慣到長大成人時仍未改掉，也是幼稚的表現，更可得知她有著過於輕忽人生的態度。

使用複數形第一人稱的男性

> 好啊～

> 我們離開這裡吧？

有自戀傾向

明明還沒交往，就使用複數形第一人稱，可能有不太考慮對方狀況的自戀傾向。不擅長應付這種類型的人，還是保持點距離比較好。

2

精神科醫師與臨床心理師，哪裡不同？

　　精神科醫師與臨床心理師都是處理心理疾病的專家，這兩種職業雖看似很像，但其實完全不同。

　　最大的不同是工作內容，精神科醫師對於憂鬱症等心理疾病，會以藥物等方式治療；而臨床心理師則是會透過諮商，幫助病患自己恢復。

　　另外，從事這兩種職業的資格也不一樣。精神科醫師因為會施行治療，必須取得醫生執照，臨床心理師則是經由臨床心理師的審查合格後，可取得民間資格。而日本還有取得國家資格的「公認心理師」，其基本職責與臨床心理師相同。

編註：上述為日本臨床心理師取得資格的過程，而在台灣，臨床心理師須取得主修臨床心理相關課程的碩士學位，並於教學醫院全職實習一年，才可申請專技高考的考試，合格後即可取得臨床心理師執照。

勾引人心「暗示法」，
人際關係無往不利

暗示法
01

誘導人心「巴納姆效應」，信賴度最高

看星座或生日占卜會覺得「被說中了！」其實是有玄機的！

相信你也常在占卜或個性分析上看到「你雖然是○○的人，但也有××的一面」這樣的解說吧。實際上，有不少人會因此覺得「被說中了」。例如，「你喜歡跟周圍的人一起開心度過時光，但也有想要獨處的時候」便會讓大多數的人都感到認同。

無論誰都會被說中的要點

妳平常雖然善於交際，但有時候也很內向且顧慮甚多。

今天射手座的運勢……會有不錯的邂逅在等著♡

B型的人……會被熟男所追求，看來今天是個好日子呢♡

沒、沒錯！

占卜常用的巴納姆效應

在星座占卜或血型測驗的敘述中，只要說出能夠適用於任何人且描述曖昧不明的要點，很容易會讓人覺得「被說中了」——這就是運用「巴納姆效應」（Barnum Effect）。

在商務上運用巴納姆效應

真的是這樣！

雖然努力想要留住人才，但卻看不出有什麼成效，您是不是正為此感到煩惱呢？

指出不管哪間公司都一定會有的問題

每間公司都有共同問題，在初見面時就指出這些問題，會讓人覺得你「對這個領域很熟悉」而提高信賴度——在別人來諮詢時特別有用。

在戀愛中活用巴納姆效應

妳很會照顧周遭的人吧？

對～你怎麼會知道？

善用任何人皆適用的讚美

稱讚異性外表，有時會因對方很自卑而誤踩地雷。只要稱讚那些任誰都會覺得被說中的事，就能讓對方認為你很了解他，因而信任你。

對這種可以適用於任何人的評價，會產生「被說中了」的錯覺，就是巴納姆效應所造成的心理作用。美國心理學家伯特倫・佛瑞（Bertram Forer）就曾為此做過實驗，他「隨意」找了一篇適用於眾人的文章，對人進行個性測驗。實驗證實，許多人仍會因文章內容而覺得「被說中了」。

暗示法
02

「霍桑效應」，
讓軟爛部屬變積極

感覺被主管「注意」時，屬下們的生產力便會持續提升。

這是曾在芝加哥進行的「工廠照明是否影響生產力」之實驗中，非常令人意外的結果。研究者發現，事實上是由於工廠員工得知「正在進行與生產力有關的實驗」，才致使他們的生產力提高，與工廠內的明亮度無關。工廠員工因為感覺到「被注意」，因此不自覺地產生了「不想被認為沒生產力」的心理。

因為「被注意」而提高動力

再一下就可以休息了，加油吧！

呼～雖然沒有達到基準量，但今天就做到這裡吧。

有主管看著我們，加油吧！

想回應期待

在美國霍桑工廠所進行的實驗中可得知，主管與周遭的人對勞動者所表示的關切，會影響勞動成果及效率。這是因為人在被注意、關注時，會產生「想要達到期待」的心理作用。

這個心理作用以進行實驗的工廠為名，稱為「霍桑效應」（Hawthorne Effect）──獨自一人時難以提高動力，然而一旦得知有人注意，便會加倍努力，也有將此活用於提升業績的企業，最有名的例子就是迪士尼樂園。樂園中的演員表現並非由員工評分，而是演員互評，藉此提高了演員的動力。由此可知，意識到「被注意」這件事有多重要。

在自己身上活用霍桑效應

和憧憬的對象一起行動時

如果你正在減肥或煩惱自己過於揮霍，試著與自己憧憬的對象一起行動吧。如此一來，你會為了不讓對方失望，盡力達成理想。

在他人身上活用霍桑效應

鏟除對手

反過來思考霍桑效應──若沒有受到主管期待，工作動力就不會提高。灌輸對手「沒有被期待」的想法，讓他無法發揮實力，就可使其成果降低。

暗示法 03

傳話會擴大！
贏得好感的「溫莎效應」

人會相信評價網站上的投稿與評語，其實是種心理作用。

有些人不相信電視或報紙上的報導，甚至將一般的大眾媒體戲稱為「黴體」，但反而信任網路上未經證實的傳言。雖然我們可以很輕易地批評這種人，但其實人的心理，確實會不自覺地將第三者的傳言當作是「人盡皆知的情報」，並視為重要、值得相信的訊息，心理學稱之為「溫莎效應」（Windsor Effect）。

主管直接稱讚

> 你很努力呢！
>
> 謝謝您……
>
> 其實在鞭策我？

是場面話或別有居心

直接被主管稱讚，雖然屬下會開心，但他們也會覺得像場面話，或是鞭策，較難發自內心接受讚美，甚至會覺得對方很虛假。

若是從同事口中聽到主管稱讚自己……

> 前陣子部長稱讚了你哦！
>
> 真的嗎？太好了！

感覺是真心話

從第三者口中得到的資訊，因為感覺是眾人已知的訊息，較易被相信，這就是溫莎效應。

在行銷上活用溫莎效應

最好的化妝水
誕生！

40多歲
女性
常被誤認成
是 30 幾歲！

20多歲
女性
這個產品比我
平常用的還要
貼妝！

30多歲
女性
肌膚的光澤回
來了，小細紋
也減少了！

活用顧客的迴響

雖然最有擴散效果的是評價網
站與眾人的傳言，但在廣告上宣
傳顧客心聲，讚揚其商品效果，
也能有效提高可信度。

在戀情上活用溫莎效應

阿隆說他喜歡小優哦～

真的嗎！
哇～
好令人開心哦～

讓追求更有效果

想拉近與心儀對象的關係，可透
過異性友人傳達好感，如此能讓
對方注意到你，追求更具效果。

在評價網站上安插暗樁，增加商品正面評價，正是在行銷上利用溫莎效應，這個方法也稱作「秘密行銷」（Stealth Marketing）。事實上，這也造成了很大的問題，畢竟每個人對商品的感覺與評價本來就有差異，盲目相信這些被造假過的評價是很危險的。然而，現在會以評價網站與網購平台上的評語來判斷店家、商品好壞的人不在少數。

暗示法
04

意見與眾人分歧，
如何反敗為勝？

雖為少數派，但只要持續堅持主張，有可能壓倒多數派。

一個團體的決策會被多數派的意見拉著走，是理所當然的。因為在多數派面前，往往就算有自己的意見，也會因「同儕壓力」很難提出；或者會因為人心中的「團體迷思」，以為大多數人支持的意見就是正確的。但是，也總會遇到應該堅定自己的意志，堅決「反對」的時候。

少數派也可能讓意見通過

無論如何，還是撤案比較好吧。

少數派A

撤案是最好的哦！

少數派B

真的嗎……？

多數派A

也考慮撤案看看好了……

多數派D

嗯……或許再重新考慮一下比較好……

多數派C

不對，只能繼續啊！

多數派B

多數派不一定占上風

多數決是民主社會的規則，也因此讓多數派的意見總是壓倒性地占上風。但是，即使是少數派，只要堅持一貫主張，也可能影響到多數派，最終推翻其意見。

在須推翻他人的場合上，重要的是不要為之動搖，持續堅持己見。如果有少數贊同者出現，就好好討論，讓彼此主張一致。即使是沒有實際成績的少數派，也不要迎合多數派，因為只要能堅持一貫主張，就能分化多數派意見——這就是「少數人影響力」（Minority Influence）。除了主張的一貫性，能出示具理論支持的證據，也很有效果。

霍蘭德策略

少數派＝過去有很大貢獻的領導

多數派

聽你們這麼説，說不定那樣才是正確的……

增強實績的影響力

曾有貢獻的領導者若是少數派，會因過往實績而被信賴，從而影響多數派的意見，這是艾德溫‧霍蘭德（Edwin Hollander）提出的概念。

莫斯科維奇的策略

少數派

這個數值漸漸惡化了哦！

撤案才是最正確的。

撤案後，拿去投資其他事業，能得到好幾倍的利益。

多數派

唔唔……

一貫的意見有強大的說服力

少數派以強烈意志和柔軟姿態堅持意見，會有説服力，多數派便會被影響而改變，這是塞奇‧莫斯科維奇（Serge Moscovici）提出的概念。

暗示法 05

給予期望就能達標的 「畢馬龍效應」

人會想稱讚優秀之人，而被稱讚的人也會因而成長。

有些人會開玩笑說自己是「被稱讚會做得更好」的類型——其實這也不完全是玩笑話，因為真的有很多人都是這樣。心理學證實，人一旦得到他人期待，就會產生「想達成期待」的心理作用。被賦予期待或被稱讚時，能提高動力，並有更高機率拿出符合期望的成果，這就是「畢馬龍效應」（Pygmalion Effect）。

告知教師他的學生很優秀，但潛力未發揮

……

……

嘿嘿。

不愧是○○，答得很好哦。

……

學習力大幅提高

羅伯特‧羅森塔爾（Robert Rosenthal）讓教師看了隨機選出的學生名單，告知他這些學生很優秀，但潛力未發揮。幾個月後，學生成績提高了——因為教師對學生有期望，無形中給予鼓勵，間接造成的。

活用於對部屬的教育

你現在已經這麼能幹了啊,真是優秀!

我還不成材啦!

對部屬寄予莫大期望

只要在心裡期待部屬一定會成長,有一點點成長就給予鼓勵,部屬也會因而保持高度動力,達到最快速的成長。

也能防止外遇!?

最喜歡你的誠實了!

謝謝妳,好開心。

別說「不可以外遇」

不想情人外遇而對他說「不可以外遇」有反效果,會有指責對方花心、不誠實的感覺而導致「格蘭效應」最後真的外遇了。正面稱讚對方,提高「畢馬龍效應」的發生率。

反過來說,不被稱讚也不受期待,一直被說是「沒用傢伙」的人,就算實際上非常有才能,大多也都無法好好發揮,反而動機低落、拿不出好成果——這樣的現象,就稱為「格蘭效應」(Golem Effect)。另外,由於大腦也會記下你對任何人、事、物所懷抱的感受,因此一味對他人說負面的話,也會使得自己的動機跟著下降。

暗示法 06

不得罪他人的「高明拒絕法」

不擅長拒絕他人之人，能以柔軟姿態主張自己的想法。

不管是什麼事情，任誰都曾遇過難以拒絕他人請託的情況吧。當然，也有些人天生不善於拒絕他人，只好概括承受，結果吃盡苦頭。這些人在大多數的情況下，心裡都有「萬一拒絕對方，怕他人感到不愉快」這樣的擔憂在作祟。但是，一昧壓抑自己勉強接受並不是什麼好事。

三種自我表現方式

自我肯定

尊重對方的想法與人格，並解釋自己的狀況，是高明的自我主張方式。如此拒絕他人時，不會引起衝突。

非自我肯定

為了不要引起糾紛，抹殺自己的情感與主張，任他人擺佈的一種表現。在這樣的狀況下，容易累積巨大壓力。

攻擊

自身的主張非常強烈，但不顧慮他人，會讓人際關係惡化，且心中也會長期累積不滿——即為「攻擊型」（Aggressive）。

最高明的拒絕法是「態度禮貌，回絕清楚」，且不能只是拒絕，要詳細說明理由。即使感到不好意思或心懷歉意，也能同時顧及自身和他人感受，明確提出自己想法的屬於「自我肯定型」（Assertive），以這種方式回絕後，若能提出替代方案會更好！而沒有做出自我主張，只是一味接受者就是「非自我肯定型」（Non-Assertive），這種類型會使人在被請求時，傾向自己一肩扛下。

自我肯定的四個關鍵訣竅

我現在很忙，沒辦法幫你。

我知道你現在遇到困難，真的很抱歉幫不上忙。

誠實

對自己和對方都要誠實，胡謅、説謊都會對溝通有不良影響。

坦率

坦率表達自己的狀況和情緒吧，就算是討厭的感覺，也要表達給對方知道，這才是正確的溝通方式。

等等你也可以幫我的工作嗎？

就算會讓關係變差，那也沒辦法……

NO!

自我責任

自身言行造成的結果，要自己承擔，絕不能怪罪別人。

對等

隨時留意每個人都要在對等的地位上。即使彼此是上下關係，也要把對方當作同等的「人」來尊重。

暗示法 07

「請託」附上理由，對方更容易接受

不僅是單純請求，加上理由讓成功率提高。

前一頁提及許多人對拒絕他人感到困擾，在另一方面也有很多人不善於「拜託他人」，這樣的人由於無法依賴別人，常常獨自承擔著所有工作和壓力。然而，拜託他人，也有較好的做法，最有名的就是「自動化反應行為模式」（Automaticity）——在請求他人時加上理由，可以提高被接受的可能性。

艾倫‧南格的實驗

- 沒有加上理由

不好意思，讓我先影印 5 頁。

60％會同意

- 加上真正的理由

不好意思，我有點趕，請讓我先影印 5 頁。

94％會同意

- 加上看似合理的理由

不好意思，我得影印 5 頁，可以讓我先影印嗎？

93％會同意

加上理由即可被接受

像上面那種簡單請求，就算理由不太合理也有說服效果；但若影印張數高達二十頁，讓對方感覺是花時間的麻煩事，效果會下降。

邀約時

這個週末
要不要去約會？

✕

我有事情，
下次吧。

附近新開了一間
時髦的咖啡廳，週末
要不要一起去？

我想去！

○

將理由作為藉口

邀約時沒有附上理由，就算對方有點意
願，可他對你沒有意思，答應機率便不
高。加上理由，能讓他有藉口答應。

在工作上運用

這個禮拜四之前完成
這份文件。

✕

這不太可能啊
……

因為是重要客人要求的
急件，麻煩你禮拜四之前
完成。

嗯……
我知道了，
我盡力試試。

○

將「最該優先的事」當作理由

對公司來說，客戶的需求總是最優先的事情。
傳達顧客需求給部屬，能讓要求更容易達成。

這種情況下，不僅看似有道理的藉口，連毫無意義的理由都會有效果。
心理學家艾倫・南格（Ellen J. Langer）進行的一項實驗中，實驗者
請正在影印的人讓自己先影印時，光說「我一定要影印，請讓我先影
印。」就能讓接受率提高 33％。然而，請求較為困難時，效果便會下
降。這時還是加上一些更煞有其事的理由，來說服別人吧。

暗示法
08

讓人「不反感」的責備秘訣，把話說到心坎

不顧他人感受的責備方式，只會讓對方心情變差。

與人共事時，有時候不得不責備部屬或後進。但是，責備方式需要顧慮到對方的感受。首先，最重要的是區分「生氣」與「責備」——若只讓對方感覺到「怒氣騰騰」的責備，並不能傳達「希望改善」的心意。為了達到最有效果的「責備」，須以「不會摧毀對方幹勁」的方式進行。

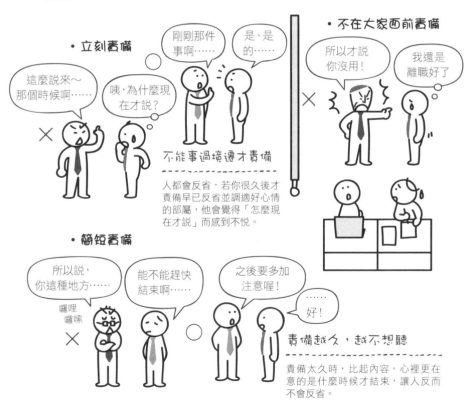

・立刻責備

剛剛那件事啊……

是、是的……

這麼說來～那個時候啊……

咦，為什麼現在才說？

不能事過境遷才責備

人都會反省，若你很久後才責備早已反省並調適好心情的部屬，他會覺得「怎麼現在才說」而感到不悅。

・不在大家面前責備

所以才說你沒用！

我還是離職好了

・簡短責備

所以說，你這種地方……

囉哩囉嗦

能不能趕快結束啊……

之後要多加注意喔！

……好！

責備越久，越不想聽

責備太久時，比起內容，心裡更在意的是什麼時候才結束，讓人反而不會反省。

重點在於「不要隔段時間，要立刻、簡短地責備」，並且告訴對方：「這裡做得很好，但這邊做不好，稱讚與責備摻雜」。此外，要在別的員工看不見的地方進行，且以雙方都坐著的狀態，不要擺出高姿態。過了許久才責備，或囉囉唆唆地說個不停，會讓效果降低。切記！責備時必須表現出自己也有尊重對方的立場。

・以同樣的視線責備

你覺得怎樣做能減少錯誤呢？

恩……就是……

對不起……

為什麼會犯下這種錯誤！

我們換個地方吧！

……好

當眾出糗，感受不佳

在眾人面前被斥責，會感到屈辱。到單獨兩人的地方再責備，讓對方覺得你體貼，更能把話聽進去。

不需要多餘的威懾

部屬站著而主管坐著，或主管站著往下責備部屬，皆會產生威懾感，使得部屬會因害怕而難以專心聆聽。

・運用正面的語詞

平常都做得很好，但要好好反省這次失誤！

你就是這裡一直做不好，所以才會犯錯！

對不起……

是！這是一定的！

心態更加從容

責備前後夾雜著稱讚，讓對方內心從容，才能把話聽進去，也能將反省運用到往後的事。

暗示法 09

如何打造最強團隊？

工作上最重要的是組出合適的團隊，身為領導者到底該怎麼做才好呢？

社會心理學家哈洛・李維特（Harold J. Leavitt）曾進行一項實驗，調查團體合作的效率與成員對結果的滿意度。他將五人的小團體分成①舵輪型、②Y字型、③鏈型、④圓圈型四種類進行作業。舵輪型團體是明確決定出領導者的類型；反之，圓圈型則是沒有領導者的團體。從①開始，領導力的強度漸弱。

李維特的實驗

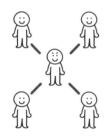

舵輪型

中心人物能跟每個人溝通，自然成為領導者。單純的作業能獲得最高效率；若是複雜作業，則易引發不滿。

Y字型

雖然有位居中心的人物，但他無法跟所有人進行溝通。儘管效率偏高，但他人不滿的程度也一樣偏高。

鏈型

有中心人物，但非單向的關係，而是橫向關係。雖然效率沒有特別高，但不滿程度也頗低。

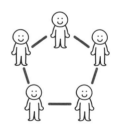

圓圈型

沒有處在中心的人，全部人都擁有平等的資訊。雖然效率最低，但最不易累積不滿，全員皆能維持工作熱情。

四種類型的人際關係設定

將資訊交換的網絡設定成四種情況，並給予各自課題，最有效率的是舵輪型，成員滿意度最高的則是圓圈型，在組隊時能以此作為參考。

有效率的組織是一人在上

員工的心態

由領導者收集全部資訊，完全負責判斷與調整的組織，會非常有效率。但處於末端的員工對工作的滿意度低弱，也會有許多無法維持幹勁而離開的人。

想提高全體滿意度則是友好類型

沒有領導者

全員立場皆不同，難以訂定作業程序或方針，效率很差。但員工可依自身做法工作，滿意度高，也鮮少人離職。無法斷言此類型與舵輪型孰優孰劣，但都是想取得平衡的類型。

舵輪型因領導者處於中心，可快速傳達資訊與知識，在單純作業時能最快達成任務，但成員之間可能會有所不滿；而面對複雜工作時，圓圈型作業速度快，對工作的滿意度也偏高；Y字形能快速進行雙向資訊傳達；鏈型雖然與圓圈型一樣能快速進行複雜工作，但也有容易形成派系的特徵。對應不同工作內容，所適合的團隊類型也不盡相同。

暗示法
10
活用「單純曝光效應」，別人越看你越喜歡

一開始沒興趣，但見了好幾次面後，卻漸漸喜歡了。

人的心理，有著對見過多次面的人抱有好感的傾向，這在心理學上稱作單純曝光效應。人或多或少都會對初次見面的人有所警戒，但見過幾次後，便會了解對方的脾氣、越來越習慣，最後漸漸沒有戒心，開始抱有好感。除了對人，當對象是文字與物體時這個效應也很有效果。

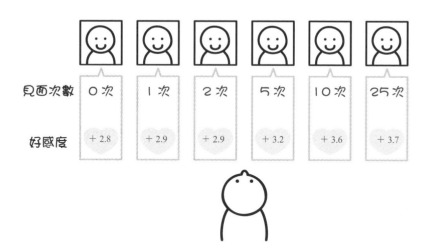

札永克的實驗

見面次數	０次	１次	２次	５次	１０次	２５次
好感度	+ 2.8	+ 2.9	+ 2.9	+ 3.2	+ 3.6	+ 3.7

見面次數越多越有好感

心理學家羅伯特・札永克（Robert Zajonc）準備了十二張照片，讓受測者看八十六次其中十張，每張持續兩秒，所看次數都不同，而另兩張不給他看。實驗最後他向受測者確認對每張圖片的好感度，發現看的次數越多，好感度越高。

戀愛的狀況也同樣適用。就算本來是不會交談的關係，頻繁見面後也會逐漸看慣，提升好感度。也正是因此效應，有人會突然在意起總是在電車上遇到的人。同理，若是有在意的異性，增加彼此電話聯繫或見面的次數，就能慢慢提高好感度。不過，也有資料顯示在見面次數超過十次之後，好感度就不會再出現顯著變化。

日常生活中的單純曝光效應

・重複播出的廣告

會喜歡上藝人或商品

不停在電視上播出的廣告，其播出次數相當重要。甚至有看到七次就會想買商品的「七次觸及理論」這種行銷用語。

・對戀愛也很有效果

> 昨天才見過面，又想見妳了。

勤快的男人會受歡迎

勤快聯絡對方的男性會受女性歡迎，這正是單純曝光效應的作用。就算沒有直接見面，透過電話與郵件也很有效果。

・好感度的極限

> 好煩！

好感度上升是有極限的

在札永克的實驗中，也發現在重複接觸十次以上後，會有好感度停滯的現象。聯絡過十幾次還是不見起色的話，就果斷放棄。

・若一開始就被討厭，單純曝光也無效

> 不管你來幾次都沒用！

可能造成反效果

若一開始好感度就呈現負值、被人討厭的話，不管見幾次面都無法提升好感度，甚至還會讓人更討厭。

暗示法 11

「鏡射」模仿小動作，能擄獲芳心

人會想模仿喜歡的人，也會喜歡模仿自己的人。

為提高對方對自己的好感度，其中一個很重要訣竅就是利用鏡射（Mirroring）。所謂鏡射，就如同字面的意思，要像鏡子一般反射對方的行為與動作。人類會自然而然地對與自己相似和行為相同的人抱有好感。所以，因模仿對方行為，能得到他人喜愛，就是鏡射的加持作用。

想模仿喜歡的人，也喜歡模仿自己的人

因為很像所以喜歡

正如同前面曾介紹過的類似性，人都會喜歡上與自己相像的人。反過來說，也會有想讓喜歡的事物像自己的欲望，鏡射正是利用這種心理的小心機。

彼此信賴就能模仿對方

交互映現法

像照鏡子一般模仿

若彼此已經有穩固的信賴感,直接模仿對方的動作,更能提升親密度。

不經意地模仿

如果彼此並非信賴關係,對方發覺鏡射模仿時,有可能會有不愉快的感覺。做出與對方動作相似的行為,不經意地進行鏡射,就不用擔心了。

匹配作用

模仿一部分的行為

不管是姿勢、動作、聲調、節奏等,只要設法配合對方的一部分行為,稍微錯開時間點,就能不經意的進行了。

「不經意地模仿對方的動作」、「與對方用相同的姿勢」等,都是鏡射的具體活用例子——藉此便能提高與對方的親密度。為了巧妙地活用鏡射,除了要仔細觀察對方,也須注意不要動作明顯到被發現自己正在模仿他。你沒有必要非得與對方一模一樣,就算動作慢個幾拍也很有效果。

暗示法
12

不懂「沉默成本效應」，單方付出難有回報

對於花費的時間與金錢，人有不想白費的心理。

戀愛關係中，當兩人的感情熱度差異很大時，立場較弱的往往是「愛人的一方」與「追人的一方」。愛人的一方會為對方盡心盡力，甚至奉獻自我。這種費盡心思想得到對方之愛的人，心裡其實是有某種企圖，這就是人心的「沉沒成本效應」（Sunk Cost Effects）──這些人自認已花了勞力與金錢，覺得應該要得到相應的愛情。

賠損時，想至少拿回成本

忘掉沉沒成本

事業持續慘淡的社長、無法認賠脫手下跌股票的投資客、想拿回賠掉本錢的賭徒，讓他們掉入心理陷阱的是「沉沒成本效應」。忘記失去的錢（沉沒成本），思考下次投資（機會成本）才是聰明選擇。

不過在這個情況下，通常很少能真的得到回報。當你花越多時間、勞力、金錢，就越難放棄對方，而且因為看不到停損點，最後容易變成只能不斷付出的失衡關係。換句話說，若你與他人有戀愛關係，對方為了你花費許多金錢與時間、盡心盡力對待你，說不定他也希望自己所付出的心力，能讓你們的關係更加親密。

要讓感情長久就要彼此付出

單方面付出容易正中對方下懷

與心儀對象交往，你為了得到對方芳心而用了禮物攻勢，但如此一來，感情是否能夠繼續，將交由對方單方面決定，對維持長久的感情並無幫助。

讓對方付出能提升價值

生日禮物或餐費等……如果對方並不排斥，就給對方付出的機會吧。對方所付出的金額，能直接變成你的價值。但是，在自己對對方沒有好感的情況下，這麼做可能會被報復，應盡量避免。

暗示法
13

對方戒心如何鬆懈？
「自我表露」能敲開心房

想讓對方敞開心房的話，鐵則就是先敞開自己的心胸。

若你想讓對方說說自己的事，大多數的情況下，應該都是直接詢問。然而對方卻不一定如同自己所想像，會一五一十地說出來。這時，身為聽者的你若能先述說自己的事，對方也會漸漸地開口說出關於他的事情。這是時常被運用在溝通中，更容易問出對方資訊的小技巧。

自我表露能讓對方敞開心胸

能立刻敞開心胸

自我表露可以利用在相遇後不久時，單純地將自己的資訊告訴對方。此時對方會由於互惠的心理，想將自己的事情也告訴你，彼此便能藉此敞開心胸。

one point

互惠原則

當對方為自己做了些什麼，自己也會想給對方同等的回報。獲得好感就回報好感；得到自我表露就回報自我表露——這就是「互惠原則」。

156

自我表露的實例：商業

> 對這條法律
> 該怎麼應對？
> 我們是……

> 我們也很困擾啊，
> 但我們公司的情況
> 是……

自我表露的實例：戀愛

> 我其實
> 很喜歡妳喔～

> 咦！？

能得知對方狀況

先跟對方說明自己公司的情況，對方也會如實告知他們遇到的問題與解決方法。

坦率地表達好感

並非想讓對方跟自己交往，只是單純表達好感的告白，效果與自我表露相似。基於互惠原則，對方不會不舒服，反而會注意到你，從而萌生戀愛情感。

自我表露的實例：心理治療

> 好了，把自己所
> 感覺到的事情都告訴
> 我吧～

> ……

重要的溝通技巧

在心理治療裡，自我表露是一個非常重要的溝通技巧，需經過專業訓練，才能讓自閉症、發展障礙的人表現出自己的想法與心情。

對他人展示自己的內在，就稱為「自我表露」（Self-Disclosure）。人面對向自己進行自我表露的對象，通常會自然產生親近感，同時大多也會表露出自己的訊息，而其資訊與對方所說的訊息是同等分量。總之，自己向對方進行自我表露，能誘使對方也對你自我表露，讓彼此的親密度提升、溝通進展更圓滑。

暗示法

14

消除緊張感的「午餐技巧」

商務人士一定會需要與客戶聚餐，其實這在心理學上是很合理的。

在商談或交涉時一邊用餐，對方更容易產生好感並容易被說服。美國心理學家葛瑞格利・拉茲蘭（Gregory Razran）將此心理作用稱為「午餐技巧」（Luncheon Technique）。當人們一起用餐時，腦內會分泌一種與愛情有關的激素——「催產素」，使彼此感覺更親密、易生好感。因此，平常口袋裡就備有美食名店名單，也是一種商務技巧。

愛情＆幸福激素讓親密度上升

幸福激素＝血清素　催產素　愛情激素＝催產素　血清素

血清素

稱為幸福激素的腦內物質，吃美食的東西或與喜歡的人約會時會分泌。

催產素

又稱為愛情激素，在腦內分泌時，可活化血清素的活動。與家人或朋友用餐，或有親密接觸時會分泌。

腦內會產生錯覺

本來毫無關係，但腦內卻將「吃了美食得到的幸福感」，和「與用餐對象的對話」相互連結——腦內因錯覺而將無關係的事和現象聯想在一起，是心理學所稱的「聯結」（Association）。

一邊吃著美食一邊對話，能消除緊張、放鬆心情。另外，因為會將一部分的關心與注意力轉移在吃東西上，不會太在意對方的一舉一動。在政壇，到餐廳進行商談與交涉是一種常識，美國甚至會一邊吃早餐或午餐，一邊進行會議，而有「早餐會報」、「午餐會報」。戀愛時，情侶會將用餐排進約會行程中，也是不自覺地在期待這種效果。

商務等交涉上活用「聯結」

提案更容易被接受

午餐技巧不只能用在戀愛上，也經常被活用於商務與外交等。

「聯結」也有負面作用

報導壞消息時出錯會致命

報導負面新聞的主播，原本跟新聞毫無關係，但觀眾因為聯結，易對主播有所怨恨。特別是以不謹慎態度報導時，更易引起民怨。

one point

聯結

原本不相干的事情或現象，因為腦內錯覺而誤以為互有關聯。例如拍攝廣告時多使用群眾好感度高的明星，以提高商品的形象等，經常被運用在商務操作上。

暗示法
15

「期間限定」的暗示，魅力難抵擋

對限定商品難以抗拒，是因為物品的心理價值提升。

任誰都會對「期間限定」、「數量限定」、「只限今天」、「最後一個」等廣告詞動心。市面上越少見的商品，就越有魅力、有價值，這就是「稀缺性原理」（Scarcity）造成的影響。鑽石等寶石與昂貴金屬，正是最符合這個現象的例子；對外宣傳是「生產量少」的名車等，也因此容易煽動各領域人士想得到它的欲望。

日常生活常見的稀缺性原理

拉麵

一天 30份 限定！

人氣運動鞋 即將售完！

數量限定

限定（或使其看起來限定）的商品或服務數量，展示其稀缺性。

期間限定

限定打折的期間，或在限定期間內販售新商品等，都能提升顧客的購買慾望。

書店

租車

今日發售的時裝雜誌
附豪華贈品！

俱樂部會員
打折！

期間限定

美味親子丼！
最短一天

今天17時起，
限時優惠！

贈品限定

限定贈品而不是商品本身，才能獲得老顧客的心，這種行銷手法也經常被運用。

……其實我要轉調了…
妳可以跟我一起去嗎？

……真是的，等你說這句很久了。

也能運用在戀愛上

在對方覺得「似乎再也見不到面」的時候，正是絕佳的告白時機。若對方對你有好感，就會因不想離開你而接受告白。

聽到「今日限定」，大部分的人都會想「今天要是錯過了，就再也買不到了」。這樣的口號讓客人感覺無法在自己想要的時間購買該商品，即限制了顧客的自由。而人有著對自由的執著，當自由被限制，便會想抵抗。這種心理作用稱為「心理抗拒」。結果，多數人就因為不想被剝奪獲得商品的自由，伸出手把東西放進購物籃。

暗示法 16

善用「自我應驗預言」，美夢能成真

有所期待時，就會不自覺地照著想像行動，而使預言成真。

通往成功的近路，首先最需要的就是相信會成功，還有對此有自信並努力達成——雖然可能會被認為這是過於單純的想法，但這是真的。人類對事物有所期待或預測時，只要將之化為言語，就會不自覺地照著想像行動，而讓預言成真——這在心理學上稱為「自我應驗預言」（Self-Fulfilling Prophecy）。

相信就會成真!? 自我應驗預言

哦～今年會流行紅色啊！

相信情報
相信媒體所預測的情報，並不自覺地開始實現。

聽說今年會流行紅色哦～

哇～那我得買新衣服了～

散播資訊
相信的人再繼續散播資訊，而讓資訊擁有可信度並散布出去。

流行紅衣服
為了緊跟著流行，而有許多人身穿紅衣服，結果紅衣服就真的廣為流行了，這種現象稱為自我應驗預言。

現實中最有名的例子，就是棒球選手鈴木一朗。鈴木一朗在小時候的作文裡明確地宣告「將來會成為職棒選手」，而他也確實堅持不懈，不僅真的成為職棒選手，還活躍於大聯盟之中。另外，相信血型測驗或占卜的人，會真的變成占卜出來的個性，也是類似於這個道理。

斷定自己會實現夢想

斷定夢想會成真	信念會開拓途徑
抱著強烈的意志，並斷定夢想會成真，就會不自覺地進行為了使夢想成真的行為。	相信夢想會成真的人，為此會不惜一切努力，發揮自己最大程度的潛力，所以大多數情況下真的能實現夢想。

自我肯定的方法

①宣言要用「現在式」

我想成為棒球選手　　我會成為棒球選手

②採用正面宣言

沒有失誤　　　　做得很好

③宣言越短越有效果

為了成為棒球選手，每天晨練不可少～

④適合自己的宣言內容

明明是音癡還說「會成為歌手」

⑤意識到自己是在創造新事物

每個人都在做……

⑥不要說出與自身情感矛盾的宣言

討厭棒球還說「會成為棒球選手」

⑦盡可能相信自己的宣言

我會成為棒球選手

想像成為棒球選手的自己，發自內心相信能辦到並宣告出來。

暗示法
17

想讓談話合拍？
呼吸、語調須「同步」

想使談話氣氛愉快，技巧在於說話的步調。

若是你很會說話也非常會聆聽，與他人的談話會更加熱絡，雙方也能保持良好關係。此外，想讓談話氣氛愉快，除了一五二頁曾介紹過的「鏡射」之外，還有「同步」（Pacing）。「鏡射」是模仿對方的動作，而「同步」則是配合對方的呼吸與聲音語調。

配合對方說話節奏

是啊～其實我啊～也思考過這個……

謝謝～你！

配合對方的說話節奏吧～

跟她講話很愉快～

消除對話的壓力

每個人講話步調都不一樣，但若能配合對方的步調，就能消除對話時的壓力。對方也會感覺到你是個令人「談話愉快」的對象，因而提高好感度。

同步的訣竅

配合說話方式

若你能配合對方說話的速度、節奏、聲量，對方便能以自己的步調，心情愉悅地說話，並對你產生親切感。

配合狀態

配合對方情感與情緒起伏。當對方對自己發怒時，誇張地表現出難過的樣子，也可藉此讓對方配合自己的情緒。

吸～吐～　　　　　　吸～吐～

配合呼吸

觀察對方的肩膀與腹部動作，配合其呼吸。如此一來，節奏與速度自然就會一樣了。

同步是指注意對方的「說話方式」（聲調、說話速度與節奏、抑揚頓挫、聲量等）、「狀態」（是冷靜還是興奮等情緒起伏）、「呼吸」（觀察對方身體的動作，配合其呼吸節奏）等，並配合對方。如果能順利進行「同步」，提高與對方談話的一致性，更容易築起良好的信賴關係。

暗示法 18

「明示、暗示」哪個好？
看出對方性格再決定

想讓對方有購買欲望，可用「明示」或「暗示」說服。

如果你是銷售員，對來到店裡的客人說：「現在買很划算哦～」是再正常不過的話術。但是，有些人一旦聽到這種話，反而不想買了。這樣的人，對於跟著銷售員的推薦而購買的行為會產生「被操縱」、「被逼迫」的感覺。對於這種客人，不要太明顯的推薦商品才有可能促使他們購買。

明示說服法

這個方案
現在變很便宜了，
我非常推薦哦～

明確地說出結論

說服對方時，不僅只說理由，連結論都明確地說出來，大多數的人較容易遵從。以一般情況來說，最有效的說服法就是這種。

暗示說服法

這個方案
現在最低價哦～

故意不說結論

對固執又疑心病重的人，說出結論反而會使對方認為：「是不是有隱情？」遇到這類型的人，只須給予情報，結論就交給本人去想。

對客人只說明商品良好的品質與價格等資訊，要購入與否，就交給對方自主性決定，即為「暗示說服法」。凡事一定要自己決定的人，以及設法有邏輯地思考各種資訊之人，暗示說服法通常較有效；另一方面，明確地推薦商品則稱為「明示說服法」，對優柔寡斷的人最有效。

明示說服法對哪種人有效？

呵呵……

不經深思熟慮，
就遵從對方的人

對自己缺乏自信，總想從別人身上得到意見，並遵從其意見的人，用明示說服法最有效。

暗示說服法對哪種人有效？

對自己有自信，
且會深思熟慮的人

對自己的判斷有自信、不會盲從他人、思考有邏輯的人，對他說出結論會有反效果。只提供資訊，讓他自己決定！且因「一致性理論」（Consistency Theory），他更會認為自己所想出結論是正確的。

one point

一致性理論

人對於行為與態度、信念等，有想保有一致性的欲求。因為覺得自己所推敲出來的答案是正確的，而執著於該答案。

暗示法 19

約會地點怎麼選？別被網路評價誤導

約會的地方，其氛圍左右了對方的感情。

與心儀對象第一次約會時，任誰都會仔細思考：「要帶他去哪裡？」因為對方對你的好感度，不僅取決於你這個人，當下周圍的環境也有很大的作用。在舒適環境之中，人會因心情放鬆，而對陪伴的人大幅提高好感度，心理學家格里菲特稱之為「感覺良好效應」（Feel Good Effect）。

> **花生與百事可樂實驗**

· 請兩組大學生閱讀「癌症治療法」、「美國軍隊規模」、「月球之旅」、「3D 電影」等論文。

· 提供花生與百事可樂給其中一組。
  →有飲料跟食物的一組，對論文更有好感。

舒適的空間令人抱有好感

美國心理學家艾爾芬·詹尼斯（Irving Janis）所進行的實驗中，只是提供花生跟可樂給其中一組，就能證明人類會因此抱有好感，這與午餐技巧有著相同的心理作用。

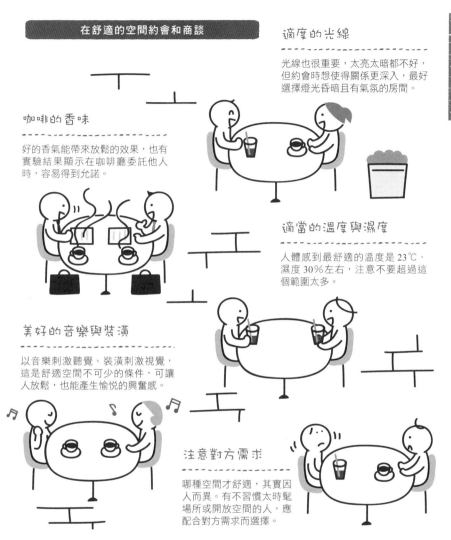

在舒適的空間約會和商談

適度的光線

光線也很重要，太亮太暗都不好，但約會時想使得關係更深入，最好選擇燈光昏暗且有氣氛的房間。

咖啡的香味

好的香氣能帶來放鬆的效果，也有實驗結果顯示在咖啡廳委託他人時，容易得到允諾。

適當的溫度與濕度

人體感到最舒適的溫度是 23℃、濕度 30％左右，注意不要超過這個範圍太多。

美好的音樂與裝潢

以音樂刺激聽覺、裝潢刺激視覺，這是舒適空間不可少的條件，可讓人放鬆，也能產生愉悅的興奮感。

注意對方需求

哪種空間才舒適，其實因人而異。有不習慣太時髦場所或開放空間的人，應配合對方需求而選擇。

第一次約會或求婚時，所選擇的場所與店家會大大左右對方的感情。但「舒適的環境」因人而異，所以選擇場所時，不要只依賴網路上的評論或朋友推薦，掌握對方的喜好也是很重要的。為了不要讓費盡心思選出來的地點，反而讓對方對你的印象變差，不經意地調查他喜歡哪種地方也很重要。

第一印象沒做好，巧用心機能翻轉

暗示法 20

即便一開始的印象不好，也可當作契機，轉成好印象。

在前面介紹過的「首因效應」（第三十二頁）提到「第一印象若不好，之後也很難翻身」。但是，蓋掉不好的第一印象且反轉成好印象，並非絕無可能。日常生活中，也有一開始印象很差，但因為某種契機而讓當事人評價變高的例子，這在心理學中稱為「得失效應」（Gain-Loss Effect）。

阿朗森與林達的實驗

・從頭到尾都稱讚

・起初批評，但漸漸說了些稱讚的話

・從頭到尾都批評

・一開始稱讚，但後來說了些批評的話

評價的表現方式會改變印象

阿朗森與林達的實驗中，以四種方式來評價女性，總共進行了七次，最後調查女性對男性有什麼印象。結果，一開始雖然是負面評價，但最終變成正面評價的模式最能留下好印象。

例如，外觀可怕的人，第一印象應該不會太好。但是此人笑的時候看起來相當親切、迷人的話，對方的印象也會大有轉變；還有看起來不正經、很油條的人，其實是個認真又腳踏實地的人，別人對他的評價也會改變。在事業上，即使第一印象不好，好好做出成績，任誰都會改變對你的評價。

得失效應應用實例

• 看起來不聰慧但很會下廚～

與外表的落差

人容易以外表決定印象，所以擁有與外表有所落差的特長，「得失效應」的效果會更大。

• 看似冷淡但笑容迷人

反轉印象的笑容

面無表情的人容易留下壞印象，所以偶爾露出的笑容會產生「得失效應」。對笑容沒有自信的人，可以時常練習。

• 在令人失望的禮物後給真正的禮物

讓收到驚喜的喜悅提升到最大

雖然要抓準時機有點難，但讓對方失望再給予驚喜的禮物，會因「得失效應」而讓對方非常開心。

暗示法
21

讓人不自覺「點頭答應」的五大策略

想讓人買下商品、填寫問券時可應用的心理技巧。

在商場上，希望對方接受自己的要求時，也有各種以心理學為基礎的技巧。例如，一開始先要求超乎現實情況的誇張要求，當對方面有難色時，再降低成簡單一點的要求，這稱為「以退為進法」（Door-In-The-Face Technique）——即是一開始的要求先以「會被對方拒絕」作為前提，被拒絕後再提出真正的要求。

以退為進法的技巧

欸，買這個包包給我！

這麼貴，不行啦！

¥50,000

那～這個便宜的也沒有關係，拜託啦～

真拿妳沒辦法～

一開始先提出較誇張的要求

先提出絕對會被拒絕的誇張要求，再降低標準，讓對方接受真正要求。對方會因你的讓步而愧疚，更易接受後面的要求。

得寸進尺法

這樣就可以的話～

我們正在進行沙漠綠化運動，可否請您連署？如果可以，也能捐一點錢。

那我這裡有些零錢～

非常謝謝您！

先從微小請求開始

得寸進尺法（Foot-In-The-Door Technique）指的是先從微小請求開始，再漸漸提出真正要求。

向某人說：「請借我一分鐘說明！」對方同意後，即便你花了更長時間，對方也不會面露難色——此為「即使一分錢也有幫助」（Even a Penny Will Help）；還有「得寸進尺法」——起初先以微小請求讓對方接受，之後提高要求更易被接受；還能善用「低飛球技巧」（Low-Balling Technique）——先提出好條件得到對方同意，再坦白有不利的附加條件；最後「還有更多策略」（That's-Not-All Technique）也可助你達成目的。

暗示法

22 不得罪人的「YES-IF」回應神技

對於艱難的交涉也能有點用處的對話技巧。

有助於交涉的技巧有很多種，首先是在不合理的條件之下進行交涉時可派上用場的「YES-IF 法」。當對方提出嚴苛的條件時，首先一邊接受，一邊以「既然○○的話，那麼我們會××……」透過新提案，找到雙方都可以接受的底線。

YES-IF 法

我知道了！但是，交期是否可以延遲 1 個月左右呢～

這份工程，能不能以 50 萬元成交呢？

接受後再提出我方要求
- - - - - - - - - - - - - - - -
商談時，對方提出不合理要求，也得考慮長期策略而接受。但為了能讓條件更好，先接受對方期望，再以「但是，要可以～才行」等方式提出條件。

YES-BUT 法

能讓我負責是我的榮幸！但是，因為與別的工作撞期，所以無法接下這案子了。

這次的工作也交給你呦～

先接受再婉拒
- - - - - - - - - - - - - - - -
條件無法接受，或因某些問題須拒絕時，想提出反對意見且不起衝突的方法就是「YES-BUT」，技巧是選用否定感較輕的詞語。

即使無法同意對方的意見與提案時，也要先肯定對方，再提出「但是……」來主張自己的想法，能將傷害到對方自尊的可能性降低──即為「YES-BUT 法」。另外，在肯定對方的意見為前提下，再以「那麼……」不經意地主張自己的想法，這種方法稱為「YES-AND 法」。

YES-AND 法

那個工作，用之前的方式幫我做吧～

了解！那麼……試試用別種方法說不定可以做得更好！

先接受再委婉提議

「但是」等否定語句，有時會給人不好印象。改用順接的接續詞並提出點子，藉此能否定對方提議。

開放式與封閉式問句

妳喜歡看電影嗎？

是，我很喜歡……

妳喜歡什麼電影呢？

這個嘛……我很常看殭屍片喔～

開拓對話的提問

交涉前總會閒聊，若能拓展對話，能提高親密度。而讓對方能更好回答的是「封閉式問句」──對方能以「是」或「否」回答；讓對方自由回答的則是「開放式問句」，想探詢興趣與想法時最有效。

煽動「嫉妒心」，能點燃愛情火花

交往很久感到膩了，可用點小心機讓對方產生嫉妒心。

有一種能攻陷單戀對象的戀愛戰略，稱為「嫉妒策略」——就是特意表現出有別的異性對自己有好感，而讓對方燃起嫉妒心，因此主動接近自己。你可以試著向對方坦白有別人正在追自己而感到困擾，接著對他說：「所以想找你商量一下……」不失為一個好方法。

煽動嫉妒心，破除老夫老妻的感覺！

同社團的情侶

今天好懶得動啊～

我們最近好像老夫老妻喔!?

①

朋友突然接近自己的戀人

那個遊樂園很好玩哦～

好想去哦～

……

②

因為嫉妒心而讓關係有點緊張

妳不要跟那傢伙太接近～

對不起～那你可以陪我去遊樂園嗎？

好啦～好啦～

不小心點的話，她會被別的男人搶走～

③

以嫉妒心刺激過於穩定的關係

戀愛關係須不斷有進展，一旦相同狀態持續太久，雖能安心、安定，但變成老夫老妻易讓關係冷卻。煽動嫉妒心來破除這種情況，就是運用「嫉妒策略」。

有效的時機

・朋友以上戀人未滿

他都不跟我
告白……

讓關係更近一步

感情不錯、也有在約會，但都不告白；
或是交往了好幾年，可是都不求婚──
想與此種對象的關係更進一步，此時
利用「嫉妒」是最適合的。

・交往很久但遲遲未論及婚嫁

希望他可以
跟我求婚……

不能使用的對象

・不太有效的對象

什麼嘛～他比較好
的話我就退出吧……

嫉妒本來就是負面情感

試了一下發現對方沒反應，再嘗試多
次會有反效果──因對方討厭競爭，
若要爭奪寧願放棄；而占有慾強的
人，會因「過度有效」而感情用事。
遇到這些對象不要用此技巧較好。

・過度有效的對象

我不相信妳了～
以後給我 5 分鐘內
回訊息！

另外，「嫉妒策略」不僅可以用在單戀的對象，與伴侶陷入老夫老妻
的關係時也可以活用。當與對方的關係無法再更進一步，或是與長年
交往的對象遲遲未論及婚嫁，可以故意跟其他異性出去玩，或不經意
地提到有其他在意的人。如此一來，對方猶豫不決的心便會燃起熊熊
烈火。

暗示法
24

面對無理要求，
不傷感情的應對妙招

若有人強迫你回答極端的二擇一問題，怎麼辦？

人生中，能以非黑即白方式辨別的事非常少，但是有些人只會提供兩種選擇給對方，並逼迫對方決定。極端的例子就是所謂的邪教，他們會說出類似這種話：「你一定要買這個壺，不然會死。」看似有兩種選擇，但其中一種是「死」，結果只剩下「買壺」這個選項。

世上充滿了假兩難論證

我跟工作哪個重要！

不入教的話就會下地獄！

是朋友的話，就一定要來！

都是你桌面太亂，所以工作才做不好！

不准剩下不喜歡吃的東西！世界上有很多想吃卻吃不到的人！

強迫接受「假的」二擇一

常有人會硬把事情分成兩項，逼迫他人選擇，像是「不～的話，就～」等說法即為「假兩難論證」，是詭辯的最佳代表。

這種不合理的二擇一稱為「假兩難論證」（False Dilemma）。最熟悉的例子有：「不唸書的話，就會變成流浪漢哦！」等說法。但其實不唸書＝變成流浪漢，是絕對不可能的。明明未來的選擇與可能性應該更多更廣，卻有很多這種不為對方著想的極端說法。遇到這種說法的應對方式，就是明確地主張自己有其他選擇。

假兩難論證的應對方式

沒必要選擇

面對本來就無從比較的選擇，而被逼迫決定時，沒有必要勉強自己做出選擇，兩邊都選也是一種正確答案。

推翻前提

將原本「地獄＝痛苦的地方」這個前提，扭轉成「地獄＝沒看過的地方，所以想見識一下」，就能對抗假兩難論證。

提出別的選項

只是沒有答應某個請求，沒必要讓友情破裂，改以其他選項打動對方也是一種方式。

指出假兩難之處

有討厭的食物，與世界上有饑荒是完全沒關係的兩件事。指出假兩難之處，摧毀選項。

想成是閒話不要太在意

主管感到生氣的，並非桌上不乾淨，而是工作成果不佳。如果可以理解這點，就能接受桌上乾淨為非必要的選項而不必在意，只須努力工作。

暗示法

25

設定目標有訣竅！
難度適中，動力最高

缺乏幹勁的原因，可能是因為挑戰太困難或過於簡單。

讓部屬有幹勁也是主管重要的工作之一。為此，訂立目標也很重要。心理學家約翰・阿特金森（John William Atkinson），以套圈遊戲進行了一項實驗，從中了解何種條件能讓人產生幹勁。結果，比起絕對會成功的距離與看似一定會失敗的距離，成功率為 50％的程度，孩童的幹勁最高。

阿特金森的實驗

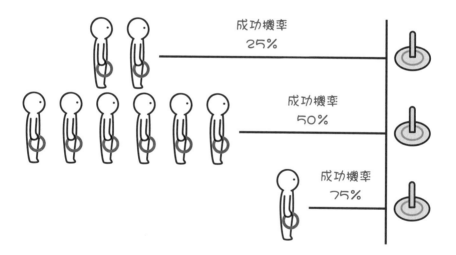

成功機率 25%

成功機率 50%

成功機率 75%

最多人選擇50%的距離

阿特金森先調查了孩童的「成就需求強度」，再請他們選擇想在哪種距離玩套圈圈。結果，成就需求強烈之孩童幾乎都選擇中等距離玩套圈圈；而即使是成就需求較弱的孩童，有一半以上也選中等距離。

追求成功的動機之公式

追求成功的動機＝成就需求 × 自覺能成功的機率 × 成功的報酬價值

注意成功的機率

此公式相當合理，但若成功報酬固定，從套圈實驗反而證明成功率 50% 幹勁最高。機率過高或低，都會降低幹勁。

要提高成就動機，須減少迴避失敗的動機

成就動機＝追求成功的動機－迴避失敗的動機

為了更有幹勁，加強追求成功的動機很重要。成就動機是從「追求成功的動機」減掉「迴避失敗的動機」得來，所以越能降低不願失敗的心情，越能提高幹勁，注意不要讓對方因怕失敗而有壓力。

另外，阿特金森主張追求成功的動機取決於「成就需求」、「成功機率」、「成功的報酬」。動機強度為負值的人（比起「想要成功後得意洋洋的感覺」，「不想失敗後丟臉」的感受較強烈的人），成功率為一半的時候反而沒有幹勁。這種類型的人，要在一定會成功，或是任誰都會失敗的時候才會有幹勁。

暗示法 **26**

好心給建議卻被討厭，怎麼辦？

給予的建議會因次數不同而影響結果。

如果你身為主管或前輩，為了要提高工作成果，是否會指導部屬或後進呢？主管或前輩活用自己的經驗，提出各種建議，是理所當然的。但是，凡事做過頭都是不好的。喬治亞理工大學教授盧瑞爾曾進行研究，調查在三十次的作業過程中，他人給予建議的次數是否會影響工作效率。

盧瑞爾的實驗

·30 次進貨作業皆給予建議

這樣量太多了！
好囉唆啊～
下次換批發商比較好！
交貨日期是……

效率最差

每次工作都給予建議，工作效率最差。

·每 3 次給予 1 次建議

好，我知道了～
不要再進這個商品比較好～
要注意庫存的量哦！

效率為中等程度

每次給予建議會提高效率，但提高的效率有限。

·每 6 次給予 1 次建議

越來越能理解了～
好！
進貨的時候要注意哦！

效率最高

將給予建議的次數降到最低，能讓工作效率最高。

根據這個實驗，三十次作業皆被給予建議的人，工作效率最差；而效率最好的是每六次被建議一次的人（被建議次數最少）。雖然我們都認為給予建議是好事，但在行動心理學中，提出建議其實是否定對方，並奪走幹勁的一種行為。當然工作上，一定會遇到必須提出建議的時候，但最好還是壓到最低限度。

了解建議的性質

否定對方

即便是為了對方好，也不要讓建議變成否定對方所有作為，因被否定心情都會變差。而別人沒有詢問，你卻給予建議，本來就不禮貌。

居高臨下的態度

給予建議的一方，立場都處於上位，對方會感覺自己處於下位而心情不佳。另外，給予建議的人，會想證明自己是正確的，而不自覺帶有威嚴感。

接受建議的最好方式

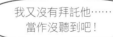

把建議者看作是善意

給予建議的人在大多數的情況下，都是打從心裡帶著善意。就算是自己詢問別人建議，但最終沒有得到理想答案時，也試著將之看作成善意吧。

忽視擅作主張的建議

當遇到朋友、家人、親戚等擅作主張給予建議的人，不要過於在意。不管對方有多少善意，將它當成是不禮貌的事，當作沒聽到並保持距離是最好的方式。

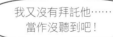
這樣做比較好呦～

183

暗示法

27

外表打理好，
能提升職場優勢

作為商務人士要往上爬，改善外表也很重要。

匹茲堡大學的費里茲博士曾針對「外觀與收入的關係」進行調查。結果顯示外表較佳的人十二年後的年收入，比外表較差的人高出約五十八萬日幣左右。比起能力，外觀對於成就與收入的影響更大。雖然聽起來很嚇人，但在韓國確實大部分的人去美容整形，都是為了在事業上獲得成功。

外表對人生的影響很大

高登的調查，
外表較佳…

· 成績與年收入也會提高

漢默許的調查，
外表較佳…

· 一輩子的收入高出約
  2700 萬日幣
· 與異性交往的機會較
  高，較多享受休閒的
  機會

費里茲的調查中，
女性外表較佳…

· 剛開始的薪水都差不
  多，但升遷速度較快
· 出社會工作的人很多

外表佳絕對吃香

- -

在心理學的領域，曾多次調查外表造成人生多大的影響。雖然有各種數據，但能一言以蔽之的是：「外表好看（他人給予高度評價），人生較吃香」，這真是非常現實的結論。

因外表較佳而產生的心理效果

暈輪效應（第46頁）

因為外表這個顯眼的長處，而使得他人對你的能力與人格評價提升，學業與工作的成績也更容易提升。

自信心強

自信心或自我肯定感，是認為自己有價值時才會有。一旦這種感覺較強烈，會積極參與各種事物而有豐富經驗，讓自己成長。

如何逆轉？

鑽研時尚

外表不僅限於長相，可鑽研時尚，讓外表更佳。前面實驗說外表會影響年收入，鑽研時尚則是效率佳的投資。

研究表情

即便長得普通，若笑得有魅力，就可獲得好評。不只笑臉，為了讓自己更好看，試著研究各種表情。

德州大學的勞動經濟學家丹尼爾・漢默許（Daniel S. Hamermesh），曾以七千五百人為對象，花了二十年研究「外表與經濟的關係」。結果顯示，外表中上的人，其一輩子所賺的錢比普通容貌的人高約二七〇〇萬日幣。而商場上也有這種現象──外表較佳的人看起來「好像很有工作能力」或「收入看似很高」。姑且不說與生俱來的長相，講究外表打扮還是很有意義的。

與人談話要站左側或右側？

搭話時，站左側跟右側，對方會有不同反應，這是為什麼？

心臟位於胸口正中央偏左側，所以比起右側，人會不自覺地保護左側。田徑賽會向左繞圈，也是因為將身體左側置於內側會較安全的心理。所以，人自然會對站在自己左側的人抱有警戒心。想要跟對方關係更好，接近他的右側較能消除警戒心。

搭話的時候，站左站右反應不一樣？

有人允許你站在他左側時，表示他對你沒有警戒心，認為你很重要，或是你在他身邊時心情會感到安定。特別是男性在走路時，讓女性站在自己的左側，是將重要的左側暴露在女性面前，並能以自己的左手保護女性，用右手對付敵人的緣故。

身體前後左右的位置與互動的關係

男性希望女性站在左側

左側易提高警戒，所以會讓想保護的事物待在左側，且還可因此用右手保護。這種位置也代表女性將慣用手那側託付給對方，有想被守護的意義。

女性從背後被擁抱會感到安心

有許多女性喜歡被心上人從背後擁抱，這是因為被強壯的男性保護著，能避免被攻擊的安心感，所以本能上喜歡這樣的動作。

男性在左側的情侶

雖可能是因慣用左手，但以腦科學來説，是男性為了發揮擅長的理性思考，選擇從右耳聽並傳至左腦；女性想活用情感思考，從左耳聽並傳到右腦，此位置讓男女都發揮了大腦特性。

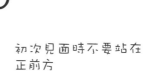

初次見面！

初次見面時不要站在正前方

對於沒見過面的對象，人會拉開人際空間。若你故意接近，反而會有壓迫感，建議從較無戒心的右側靠近。

暗示法 29 音樂能療癒身心，穩定情緒最好用

音樂能治癒人心，現有能活用音樂的心理療法。

當你心情低落時，會不會為了要打起精神而故意聽旋律快又熱鬧的歌呢？不過，也有很多人在失戀感到難過的時候，會聽悲傷的曲子讓心情沉靜。其實，這以心理學來說是有道理的。若是順著當時的心情選擇歌曲，精神會轉往好的方向，這稱為「同質原理」（Iso Principle）。

與情感相符的音樂能讓心情沉靜

○ 難過時聽悲傷的歌

✕ 悲傷時不能聽過於激動高亢的歌

以同質原理讓心情沉靜

美國精神科醫師阿特舒勒（I. M. Altshuler）提倡「同質原理」，表示「以音樂治療疾病時，若使用的音樂與患者當時的心情與精神狀態相符，是最有效的」，這是音樂療法的基本理論。

以音樂治療精神與促進身體健康

音樂有放鬆效果而成了替代醫療，
因此確立了音樂療法。

運用演奏與舞蹈幫助復健

需復健的年長者，能透過演奏音樂、
配合音樂跳舞等，讓痛苦的復健變得
有趣。

促進說話與發音

生來對說話或發音有所障礙的兒童，
能透過音樂指導他們。

指導憂鬱或自閉等社交關係有問題的人

音樂也是非常棒的溝通手段，透過音樂
療法，可望改善憂鬱與自閉。

透過合唱等指導團體行動

針對不擅長團體行動等有發展障礙的
孩童，所進行的社交技巧訓練之一，
就是「教導音樂」。

在感到悲傷時，若是有人能有所同感，就會產生安心感。失戀的時候
聽悲傷的歌，彷彿歌詞像是替自己發聲一般而感到安心，心裡的傷也
會慢慢癒合。所以，這時先聽悲傷的情歌，盡情地將自己沉浸在難過
的情緒中，再漸漸轉為聆聽快歌是最好的。但是，感到緊張的人，最
好先聽快歌，再漸漸換成慢歌。

column

3

心靈主義，
是什麼？

　　電視上或書店中常看到所謂的「心靈主義」
（Mentalism）或「唯心主義」等字眼，其實這些字
都沒有固定的意義。過去「Mentalism」指的是在舞
台上表演讀心術的人，現在則再度被拿出來使用，
指的則是「精通精神（Mental）領域的人」，但是
會使用這個技巧的人會各自加上自己的意思與語
感，所以這個詞彙至今還沒有明確定義。

　　但是，其共同點皆以心理學為基礎，所以大眾
將此暫且理解成能應用催眠療法等各種知識與技術
的人也是可以的。

▨ 参考文献

《悪用禁止！効きすぎて危ない！裏心理学大全》（嚴禁濫用！太有效太危險！心理學大全）齊藤勇 監修，寶島社

《相手の心を読む！透視心理学大全》（讀取對方的心！透視心理學大全）齊藤勇 監修，寶島社

《悪用禁止！悪魔の心理学》（嚴禁濫用！惡魔心理學）齊藤勇 監修（寶島社）

《ひみつの心理学〜人の心が思いのままになる》（秘密的心理學〜讓人心順著你的意）齊藤勇 監修，寶島社

《悪用禁止！悪魔の心理操作術》（嚴禁濫用！惡魔的心理操作術）齊藤勇 監修，寶島社

《心の闇が見える！？悪魔の心理テスト》（看見心理黑暗面了嗎 !? 惡魔的心理測驗）齊藤勇 監修，寶島社

《思いのままに人をあやつる心理学大全》（任意操縱人心的心理學大全）齊藤勇 監修，寶島社

《思いのままに人をあやつるモノの言い方大全》（任意操縱人心，說話方式大全）齊藤勇 監修，寶島社

《シャーロック・ホームズはなぜ外見だけで人を見抜けるのか？》（夏洛克・福爾摩斯為什麼光靠外表就能看穿一個人？）齊藤勇 著，寶島社

《本当は怖い心理学》（真正恐怖的心理學）齊藤勇 監修，イースト・プレス

《実験心理学−なぜ心理学者は人の心がわかるのか？》（實驗心理學・為什麼心理學家能懂人心）齊藤勇 著，ナツメ社

《図解雑学 見た目でわかる外見心理学》（圖解雑學 從外表了解外觀心理學）齊藤勇 著，ナツメ社

《他人の心がカンタンにわかる！植木理恵の行動心理学入門》（輕鬆了解他人的心！植木理惠的行為心理學入門）植木理惠 監修，寶島社

《「なるほど！」とわかる マンガはじめての心理学》（「原來如此！」恍然大悟的超入門心理學）ゆうきゆう 著，西東社

《マンガでわかる！心理学超入門》（看漫畫就懂！超入門心理學）ゆうきゆう 監修，楠田夏子 繪，西東社

《面白いほどよくわかる！他人の心理学》（又有趣又易懂！他人的心理學）澁谷昌三 著，西東社

《一瞬で YES を引き出す心理戦略。》（立刻引導出 Ｙ Ｅ Ｓ 的心理策略。）DaiGo 著，ダイヤモンド社

《世界のエリートがやっている最高の休息法－「脳科学×瞑想」で集中力が高まる》（世界上的菁英都在做的最好休息法—以「腦科學×冥想」提高集中力）久賀谷亮 著，ダイヤモンド社

《自分を支える心の技法 対人関係を変える 9 つのレッスン》（支撐自己的心理技法 改變社交關係的九種課程）名越康文 著（醫學書院）

▨ STAFF

編集	住友光樹（株式会社 G.B.）
本文イラスト	熊アート
原稿執筆	大越よしはる
カバーイラスト	別府拓（G.B.Design House）
カバー・本文デザイン	別府拓（G.B.Design House）
DTP	出嶋勉

少一點討人厭，多一點溫暖心的善良小心機：

【超圖解】人際心理學，教你「轉個彎守住底線」，做好人也不委屈

ゼロからはじめる！心理学見るだけノート

監 修 者	齊藤勇
譯　　者	汪欣慈

總 編 輯	鄭明禮
責任主編	楊善如
業務經理	劉嘉怡
業務副理	古振興
行銷企畫	朱妍靜
會計行政	蘇心怡、林子文

封面設計	張天薪

出版發行	方言文化出版事業有限公司
劃撥帳號	50041064
電話／傳真	（02）2370-2798／（02）2370-2766

定　　價	新台幣320元，港幣定價106元
初版一刷	2018年7月
初版二刷	2018年8月
ISBN	978-986-96473-4-2

國家圖書館出版品預行編目（CIP）資料

少一點討人厭，多一點溫暖心的善良小心機：【超圖解】人際
心理學，教你「轉個彎守住底線」，做好人也不委屈／齊藤勇
監修；汪欣慈譯. -- 初版. -- 臺北市：方言文化, 2018.07
面；　公分. --（大眾心理學堂；PP014）
譯自：ゼロからはじめる！心理学見るだけノート

ISBN 978-986-96473-4-2（平裝）

1.人際關係

177.3　　　　　　　　　　　　　　　　　107009137

方言文化

ゼロからはじめる！心理学見るだけノート（ZERO KARA HAJIMERU! SHINRIGAKU MIRU DAKE NOTE）by 齊藤 勇
Copyright © 2017 by Isamu Saito
Original Japanese edition published by Takarajimasha, Inc.
Chinese (in traditional character only) translation rights arranged with Takarajimasha, Inc. through CREEK & RIVER Co., Ltd., Japan

Chinese (in traditional character only) translation rights © 2018 by Babel Publishing Company.